正常な口腔

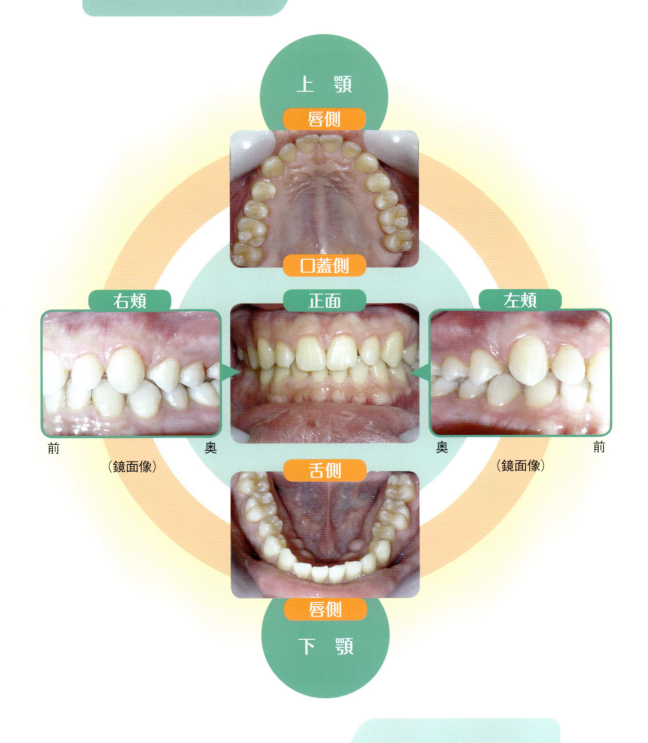

高齢者の口腔

① 歯根露出

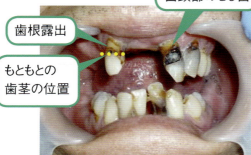

- 歯頸部のむし歯
- 歯根露出
- もともとの歯茎の位置

ケアのポイント
デンタルフロスや歯間ブラシを使い、しっかりみがきましょう！

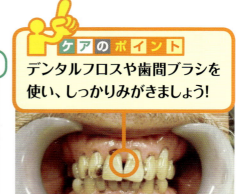

② 義歯

義歯を付けているところ

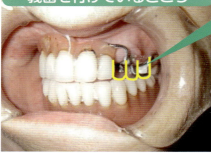

部分床義歯のばねのかかる歯がむし歯で折れている状態。

※このような場合は、歯科受診しましょう。

義歯をはずしたところ

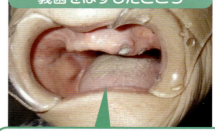

はずした上顎の義歯（左）と下顎の義歯

③ 義歯性潰瘍

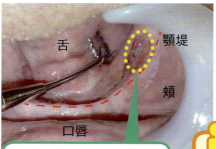

- 舌
- 顎堤
- 頬
- 口唇

下顎の義歯が粘膜を圧迫し、潰瘍ができている。

ケアのポイント
口腔ケアをするときは、くちびるや頬を広げてよく観察しましょう。

④ 口腔乾燥と溝状舌

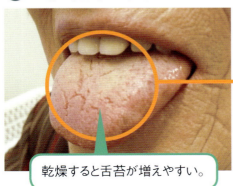

乾燥すると舌苔が増えやすい。

ケアのポイント
乾燥対策として、保湿ジェルやスプレーを使いましょう。水分摂取も促しましょう。

⑤ カンジダ

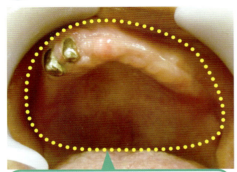

カンジダ（赤）
義歯をはずすと粘膜が赤くなっている。

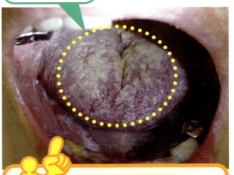

カンジダ（白）

ケアのポイント
日頃から、歯だけでなく舌、義歯の清掃を心がけましょう！また、口腔が乾燥しないよう唾液の分泌や保湿にも気をつけましょう。

⑥ 残根だらけの上顎

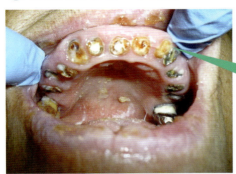

むし歯で歯が折れ、歯根だけになっている状態。

障がい者の口腔

❶ 抗てんかん薬による歯肉肥大

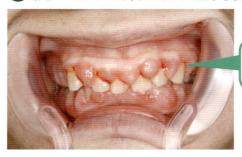

抗てんかん薬の副作用で、歯肉が腫れている。

❷ 舌突出と開咬・上顎前突

舌突出

その結果

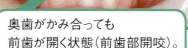

上顎の前突と狭窄

奥歯がかみ合っても前歯が開く状態（前歯部開咬）。

❸ ダウン症の人の口腔（例）

口唇のひび割れ

永久歯の先天欠如による乳歯残存。

一般に老化が早く進行するため歯周病になりやすい。

歯周病で歯が動き、隙間があいている。

舌線維腫

ケアのポイント
全身の緊張状態をやわらげるような姿勢に調節して口腔ケアを行いましょう。

❹ 脳性麻痺者の歯

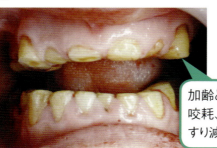

加齢とともに咬耗、摩耗で歯がすり減っている。

介護に役立つ 口腔ケアの実際

用具選びからケアのポイントまで

編著
大泉 恵美、䴡島 桂子
䴡島 弘之、森﨑 市治郎

中央法規

はじめに

　2015(平成27)年10月現在、高齢化率は26.7％と過去最高となりました。4人に1人が65歳以上の高齢者です。平均寿命の延伸による65歳以上の人口増加、少子化による若年人口の減少がもたらした結果ですが、同時に世帯構成までも変化してきました。65歳以上の高齢者のいる世帯は全体の約半分となり、親と未婚の子のみの世帯、夫婦のみの世帯、一人暮らしの高齢者世帯が増加しています。これらの現状は、データとしてだけではなく、私たちが住む地域において、日々の生活のなかですでに実感していることではないでしょうか。また、障がい者の高齢化や高齢者が脳血管疾患などにより障がいを有するようになる方が増えるに伴い、「障害者の日常生活及び社会生活を総合的に支援するための法律(障害者総合支援法)」に基づき地域生活を支援する政策も図られるようになりました。

　すなわち地域において介護を必要とする対象者の現状はさまざまであり、介護職の役割は重要となっています。

　老いると、いろいろなことが不便になります。老いることにより、自分の身の回りのことから、生活すること生きること自体に支障がでるようになります。それは、老化によりさまざまな身体機能が低下することによります。機能の低下には個人差が大きく、その低下を加速させるのが認知症や脳卒中などの疾患です。結果として、住み慣れた土地で、自分らしく生活を送ることは難しくなってきます。親子、兄弟ですら、同じ生活ではないのですから、「生活を支える」ということは、実際にはたやすいことではありません。高齢者や障がい者の生活を支える介護職への期待は大きく、果たす役割は重要で、責任のあるものとなっています。

　生活のなかで、「おいしく食べる」ことは、楽しみや喜びであり、生きていることを手軽に実感できる行為です。誰もがおいしく食べ、健康を維持し長生きしたい。そのためには、食べられる口を維持する口腔ケアが大切となります。歯みがきという行為は多くの人にとって幼い頃からの習慣ですが、「なぜ、歯をみがくの？」と聞かれると、「むし歯予防」「口が臭いから」「人と会うから」と答え、これまで「おいしく食べたいから」とは気づいていなかったように思われます。

さて、みなさんは介護職として、口腔ケアの支援に自信がもてますか。なぜ、あなたは歯をみがきたくないと拒否する要介護者の口腔ケアをするのですか。適切なケアをしていると自信をもって答えられますか。利用者の認知機能や身体状況に応じてケアのニーズも多種多様となり、個別性のケアは、ますます難しくなっています。さらにまた、医療と介護が連携し、高齢者の生活を支援することも求められています。そのため、医療的知識とともに口腔ケアの知識がよりいっそう必要となっています。

　本書では介護の専門家だけでなく、歯科医師、言語聴覚士といった多職種の先生方に執筆を依頼し、専門的内容をやさしくかみ砕いて説明してもらっています。介護を担う専門職として、口腔ケアに関する知識や技術を身につけ、日々の生活支援の業務に少しでも役立てていただければ幸いです。

　最後になりますが、本文中に掲載されている写真につきましては、患者本人または家族の同意を得て使用しておりますことをお断りいたします。

2016年10月　編著者

参考資料：内閣府編『平成28年版高齢社会白書』

もくじ

はじめに

I 高齢者への口腔ケア

高齢者への口腔ケアの重要性

- 介護職による口腔ケアの意義と役割 ・・・・・・・・・・・・・・・・・ 2
- 高齢者の身体的特徴と口腔ケアの関係 ・・・・・・・・・・・・・・・ 4
- 死因第3位「肺炎」のなぞ―就寝中の危険 ・・・・・・・・・・・・・ 6
- 全身疾患と口腔ケアの関係 ・・・・・・・・・・・・・・・・・・・・・・・・ 8
- 口腔ケアで認知症が予防できる!? ・・・・・・・・・・・・・・・・・・ 10
- 口から食べる重要性と口腔ケアの関係 ・・・・・・・・・・・・・・・ 12
- 廃用症候群の予防、介護予防としての口腔ケア ・・・・・・・・ 14

高齢者への口腔ケアのポイント

- 高齢者の口腔の特徴 ・・・・・・・・・・・・・・・・・・・・・・・・・・・・ 18
   コラム：HIVはB型肝炎よりとてもこわい？
- 高齢者への基本的な口腔ケアの方法 ・・・・・・・・・・・・・・・・ 22
- 実施時の安全・安楽な姿勢 ・・・・・・・・・・・・・・・・・・・・・・・ 24
   コラム：30度神話？
- 感染対策の重要性 ・・・・・・・・・・・・・・・・・・・・・・・・・・・・・ 28
- 口腔ケアに必要な用具 ・・・・・・・・・・・・・・・・・・・・・・・・・・ 30
   コラム：お茶（カテキン）の事実
- 口腔内観察のポイント ・・・・・・・・・・・・・・・・・・・・・・・・・・ 36
- すぐできる簡単なアセスメント方法 ・・・・・・・・・・・・・・・・・ 38
- 基本的な歯のみがき方 ・・・・・・・・・・・・・・・・・・・・・・・・・・ 40
- 歯以外の口の粘膜のケア ・・・・・・・・・・・・・・・・・・・・・・・・ 42
   コラム：口臭のくさい話
- 短時間で効果的なケア ・・・・・・・・・・・・・・・・・・・・・・・・・・ 44

困難なケアの対処方法

- 口腔乾燥への対応 ・・・・・・・・・・・・・・・・・・・・・・・・・・・・・ 46
   コラム：唾液のはたらき・役目
- 口を開けてくれない人への対応 ・・・・・・・・・・・・・・・・・・・・ 50
- 開口やその保持が難しい人への対応 ・・・・・・・・・・・・・・・・ 52

　　　　コラム：用具なしで開口を促す方法
　● ブクブクうがいができない人への対応 ・・・・・・・・・・・・・・・・・・・・・・ 54
　● 出血時の対応 ・・・ 56

義歯ケアの実際

　● 義歯のみがき方 ・・・・・・・・・・・・・・・・・・・・・・・・・・・・・・・・・・・・・・ 58
　● 義歯の適合の見方 ・・・・・・・・・・・・・・・・・・・・・・・・・・・・・・・・・・・・ 60
　● 義歯着脱の方法 ・・・・・・・・・・・・・・・・・・・・・・・・・・・・・・・・・・・・・・ 62
　● 義歯安定剤使用時のケア方法とポイント ・・・・・・・・・・・・・・・・・・ 66

介護職が行う口腔ケア

　● 現場におけるアセスメントの実際（ICFの考え方）・・・・・・・・・・・ 68
　● 自分で歯をみがいている人への支援① ・・・・・・・・・・・・・・・・・・・ 72
　● 自分で歯をみがいている人への支援② ・・・・・・・・・・・・・・・・・・・ 74
　● 自分で歯をみがけない人への支援 ・・・・・・・・・・・・・・・・・・・・・・・ 78
　● 認知症の人への支援①─原因疾患別の口腔ケア ・・・・・・・・・・・ 80
　● 認知症の人への支援②─自立度別の口腔ケア ・・・・・・・・・・・・・ 82
　● 認知症の人への支援③─受け入れない人への口腔ケア ・・・・・・ 84
　● 終末期・ターミナル期の人への支援 ・・・・・・・・・・・・・・・・・・・・・・ 86
　　　　コラム：終末期とターミナル期の違いは何？　そのとき、介護職の
　　　　　　　役割は…

医療的ケアを必要とする人への口腔ケア

　● 痰の吸引を必要とする人への口腔ケアの重要性 ・・・・・・・・・・・・ 88
　● 経管栄養をしている人への口腔ケアの方法 ・・・・・・・・・・・・・・・・ 92
　　　　コラム：胃ろうは「悪者」、それは誤解です

Ⅱ 障がい者への口腔ケア

障がい者への口腔ケアの重要性

　● 障がい者への口腔ケアの意義・役割 ・・・・・・・・・・・・・・・・・・・・・ 96
　● 障がい者の口腔の特徴 ・・・・・・・・・・・・・・・・・・・・・・・・・・・・・・・・ 98
　● 障がい児への口腔ケア ・・・・・・・・・・・・・・・・・・・・・・・・・・・・・・・ 100

- 高齢者と障がい児・者の口腔ケアの違い ・・・・・・・・・・・・・・・・・・ 102
- 高齢障がい者への口腔ケア ・・・・・・・・・・・・・・・・・・・・・・・・・・・ 104

セルフケアが困難な人への対応

- 開口することに抵抗がある人への対応 ・・・・・・・・・・・・・・・・・・ 106
- 多動や体動により姿勢が安定しない人への対応 ・・・・・・・・・・ 108
- 歯ぎしりによる鋭歯、開いたままの口、流涎（よだれ）が多い人への口腔ケア ・・・ 110

高齢障がい者への口腔ケア

- 脳血管障害の人への口腔ケア ・・・・・・・・・・・・・・・・・・・・・・・・・ 112
  - コラム：脳血管障害の後遺症
- 神経筋疾患の人への口腔ケア ・・・・・・・・・・・・・・・・・・・・・・・・・ 114
- パーキンソン病の人への口腔ケア ・・・・・・・・・・・・・・・・・・・・・・ 116
  - コラム：映画紹介「レナードの朝」
- 筋ジストロフィーの人への口腔ケア ・・・・・・・・・・・・・・・・・・・・ 118
- 筋萎縮性側索硬化症の人への口腔ケア ・・・・・・・・・・・・・・・・・ 120
- ダウン症の人への口腔ケア ・・・・・・・・・・・・・・・・・・・・・・・・・・・ 122
- 脳性麻痺の人への口腔ケア ・・・・・・・・・・・・・・・・・・・・・・・・・・・ 124
- 自閉症の人への口腔ケア ・・・・・・・・・・・・・・・・・・・・・・・・・・・・・ 126
- その他の疾患がある人への口腔ケアを行う際の留意点 ・・・・・ 128

III 口腔機能を高めるリハビリテーション

口腔機能を保つトレーニング

- 嚥下体操 ・・・ 134
  - コラム：構音障害（話すことの障害）
- 頭部挙上訓練 ・・・・・・・・・・・・・・・・・・・・・・・・・・・・・・・・・・・・・・ 138
- 施設で行う口腔機能向上プログラム ・・・・・・・・・・・・・・・・・・・ 142
- 口腔機能向上を目的としたレクリエーション ・・・・・・・・・・・・ 144
- 生活リハビリテーションとしての口腔ケアの考え方 ・・・・・・ 146

Ⅳ 口腔ケアでの多職種連携

介護職から多職種への連携
- 他職種とのスムーズな連携方法 ・・・・・・・・・・・・・・・・・・・・・・・・・・・ 150
- 歯科との連携が必要な症状 ・・・・・・・・・・・・・・・・・・・・・・・・・・・・・・ 152
- 事例で学ぶ口腔ケア ・・・・・・・・・・・・・・・・・・・・・・・・・・・・・・・・・・・・ 154

口腔ケアに役立つ用具例
編著者・執筆者一覧

I 高齢者への口腔ケア

加齢に伴い、口腔が乾燥する、口腔周囲筋の筋力が低下する、歯が抜ける(義歯をつける)ということは口が汚れやすくなり、口臭が発生するだけでなく、食べる、話すという機能の低下にも影響を及ぼし、誤嚥性肺炎や寝たきりの原因になります。高齢者のQOL(生活の質)を高めるために、適切な口腔ケアを行うことが重要です。

高齢者への口腔ケアの重要性

介護職による口腔ケアの意義と役割

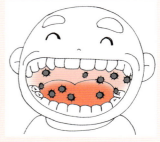

介護職は、口腔ケアを1日数回、日常の業務として実施していることから、やったつもりになりがちです。しかし、口腔ケアは、利用者の身体と心の健康維持には欠かせない重要なものです。介護職はその意義を理解し、見直してみて、利用者の状態に適切なケアを心がけましょう。

やったつもりの口腔ケアになっていませんか？

 ### 介護職の定義

介護職の一般定義としては、専門的介護知識と技術をもつ有資格者のことですが、広義には、ケアワーク（介護業務）に従事している者も含めている場合があります（図1）。

ここでいう介護職とは、資格の有無に関係なく、ケアワーク（介護業務）に従事する人を指します。

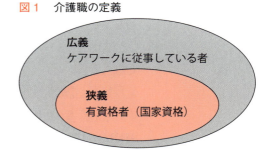

図1　介護職の定義

広義　ケアワークに従事している者

狭義　有資格者（国家資格）

 ### 介護職が口腔ケアを行う意義

利用者の生活を支援し、QOL（生活の質）を高めることが介護職の役割です。QOLを高めるには、口腔ケアが欠かせません。なぜなら、行き届いた口腔ケアの実施は、利用者の生活に次のような効果を与えるからです。

① 健康的な生活を送ることができる（むし歯、歯周病、誤嚥性肺炎の予防など）
② 他者とのかかわりが円滑になる（言葉の明瞭化、口臭の予防）
③ おいしく安全に口から食べ続けることができる（口腔機能の向上）

これらの結果、利用者が生きがいをもって主体的な生活を送ることができます。

介護職は福祉職のなかでも利用者に最も身近な存在です。だからこそ、日々の利用者の状況を観察し、利用者の意思を確認しながら適切な口腔ケアを行うことが求められています。

口腔ケアに対する介護職としての心がまえ

　介護職は幅広い年齢層の人々と接するため、個々の生活背景の違いを認識し、さまざまな症状に関して理解することが求められます。それに加え、口腔ケアに対する意思の疎通が困難であること、歯みがきに対する拒否があること、開口保持が困難であることなどに対応しなくてはいけません。これには、日常のかかわりを通して、介護職が利用者を理解しようとする姿勢と信頼関係の築きが重要な鍵といえます。

　利用者の話すことを途中で妨げず、しっかりと耳を傾け、その人の言いたいことを理解すれば、信頼関係の築きの第一歩となります。

　人間関係の築き方や接し方には大切なことがあります。心に余裕をもち、生活に密着した話題を心がけ、相手の気持ちになって謙虚な心で接することで円滑な人間関係を築くことができます。

　そして、日々の生活支援を通して、生活の継続性の視点、自立支援の視点、個別性の視点、尊厳の保持の視点を重視した口腔ケアの姿勢が求められます（図２）。

利用者への接し方

図２　介護職の視点

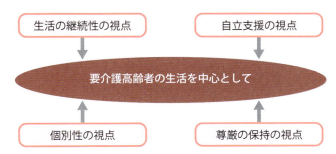

高齢者の身体的特徴と口腔ケアの関係

年齢を重ねるとともに、身体の形態とその機能にさまざまな変化が現れます。これまでできていたことが、できなくなり、ADL（日常生活動作）に支障をきたすことが増えます。例えば、口腔ケアの要である歯みがきも、難しくなります。加齢によって変化した高齢者の身体的特徴が、口腔ケアにどのような影響を与えるのか考えてみましょう。

運動器の影響

運動器（骨、筋肉、関節、神経などの総称）の加齢に伴う機能低下により、背中が曲がって少し前かがみになります。肩や肘、太ももや膝の関節がかたくなり、なめらかな動きがとりにくくなります。関節が変形して痛みを伴うこともあります。手の指は感覚が鈍くなり、指関節もこわばったり変形し、細かい動きや作業が難しくなります。その結果、高齢者自身が歯ブラシを持って、洗面所に立ち、すみずみまで歯をみがくという行為が難しくなります。

高齢になると歯をみがく行為そのものが難しくなる

感覚器の影響

感覚器（視覚・聴覚・嗅覚・味覚・触覚などの感覚を受容する器官の総称）は、見る、聞く、かぐ、味わう、触れるといった、いわゆる五感を感じる役割をもっています。高齢になると、これらすべての感受性と反応性が低下し、そのことで歯をみがくことが容易でなくなることが想像できます。

加齢により目が見えにくくなると、歯みがきが難しくなる

運動器と感覚器以外への影響

　加齢による身体状況の変化は、目で見ることができない、自覚もされにくい血管や内臓にも起こっています。例えば、動脈硬化も加齢現象の1つです。高齢者の血管は弾力性がなくなり、その内腔が狭くなっているために血圧が高くなる傾向にあります。これが、脳卒中（脳梗塞や脳出血）の原因にもなります。

　呼吸運動にも加齢変化が生じます。横隔膜などの呼吸に関与する筋肉が手足の筋肉と同じように弱まるため、肺が十分にふくらむことができず、肺での換気が不十分となります。その結果、気道に侵入したウイルスなどの異物によって、呼吸器の感染症にかかりやすくなります。また、嚥下する、咳をするなどの反射（嚥下反射、咳反射）も低下していることが多く、誤嚥を招きやすい状態にあります。そのため、肺炎予防対策としても、口腔内を清潔に保つための歯みがきをはじめとする口腔ケアが重要になるのです。

　口から食道、胃と腸、肛門まで1つのつながった長い管（消化管）を中心にした消化器系があり、食べ物を食べ、消化吸収し、残った不要物を体外へ排泄するという一連のはたらきをしています。消化器系には、歯、舌、唾液腺などの付属器が含まれています。唾液腺は唾液を分泌して消化を助けるほかにも口腔内を清浄にするはたらきもあります。唾液分泌量が減ると、口腔内が乾燥して口臭の原因になったり、細菌が増殖し炎症や感染症が起きやすくなります。また、歯が歯周病などで抜け落ちると、十分に咀嚼できなくなる、正しいかみ合わせができなくなり姿勢が悪くなるなどの問題が生じます。

死因第3位「肺炎」のなぞ
——就寝中の危険

> 高齢になると肺炎による死亡率が高くなります。高齢者では、嚥下障害などで咽頭や口腔に常在する細菌が気道に入り込み、誤嚥性肺炎を発症します。これは寝ている間に起こる不顕性誤嚥が原因です。

高齢者と肺炎

　肺炎は、2011（平成23）年から死因別順位の第3位（第1位悪性新生物、第2位心疾患、第4位が脳血管疾患）になりました。そのうち90歳以上の男性では、死因の第1位が肺炎です。

　高齢になるにしたがって肺炎による死亡率が高くなります。高齢者に多い誤嚥性肺炎は、口から肺に細菌や食物や飲料、唾液や分泌物を吸い込むことで生じる肺炎です。高齢者は、体力や免疫力が低下しているため、肺炎を発症しやすいものの、典型的な症状が現れにくいことも多く、発見が遅れて重症化しやすい傾向にあります。そのため高齢者の肺炎は死に至る深刻な病気といえます。

図3　日本人の死因別死亡数の割合

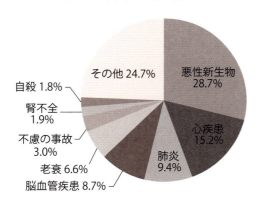

資料：「平成27年人口動態統計（確定数）」より

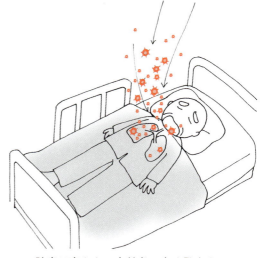

肺炎は寝たきり高齢者に多く発症する

寝ている間に起こる不顕性誤嚥

　脳梗塞や脳出血などで嚥下障害がある場合、口腔内細菌が、唾液とともに気道

に入り込み、肺炎を発症することがあります。特に、不顕性誤嚥は、異物が気道内に入ったときに起こる「咳き込む」「むせる」などの反射がないのが特徴です。また、元気な高齢者であっても、夜間は嚥下機能が低下するため誤嚥しやすくなります。特に、睡眠薬や向精神薬などを服用している場合は、嚥下反射が抑制されて不顕性誤嚥を起こしやすくなっています。

　不顕性誤嚥による誤嚥性肺炎は、介護を受けている高齢者に多く発症し、しかも感染を繰り返します。なかでも、経口摂取できず経管栄養を行っている人は注意が必要です。口のなかはきれいだと思い込んで、口腔ケアをおろそかにしていると、口腔内細菌が増殖していくのです。そのうえ、口から食べないことで唾液の分泌が減少し、自浄作用が低下するため、口腔ケアをしないとますます細菌は増殖していきます。このような状態で不顕性誤嚥が起こると、多数の細菌を含んだ唾液が気管内に流れ込み、肺炎が重症化します。

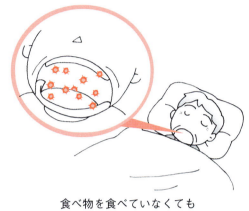

食べ物を食べていなくても
口腔内細菌は増殖する

 口腔ケアで肺炎を防ぐ

　歯周病菌や口腔内の常在細菌の数が少なければ、少量の唾液などを誤嚥したとしても、肺炎の危険性はあまり高くありません。しかし、唾液に口腔内細菌が多く存在すると、肺炎になる可能性が高まります。したがって、口腔ケアを行い口腔内を常に清潔に保つことが、唾液中の細菌を減らし、カンジダや肺炎球菌など肺炎起因菌を抑えることとなり、肺炎の予防につながります。経口摂取をしている人も、していない人も含め、特に要介護高齢者は、自分で口腔ケアができないため、介護者による口腔ケアが必要不可欠となります。介護者は、口腔内を清潔に保つことが肺炎予防になることを認識し、日々のケアに取り組みましょう。

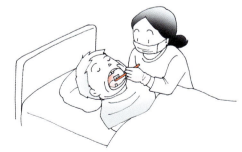

自分でできない人には介護者が口腔ケアを行う

全身疾患と口腔ケアの関係

口腔内細菌は、歯周病等の原因であると同時に、肺炎などの全身疾患の原因にもなります。また、咀嚼や嚥下などの口腔機能が全身の健康に影響することも明らかになっています。口腔ケアによって全身疾患の予防・改善、さらに健康の促進が可能になります。つまり、口腔ケアは、生活援助であるとともに、生命の維持・増進に直結したケアであるといえます。

全身の健康と口腔の関連

　近年、高齢者の全身の健康と口腔内細菌や口腔機能が密接に関連していることが明らかになってきました。口腔内細菌は、むし歯や歯周病の原因であると同時に、全身疾患の原因になる危険因子でもあるのです。口腔内細菌が関与すると考えられる代表的な全身疾患としては、肺炎、菌血症、心内膜炎、糖尿病、動脈疾患（狭心症や心筋梗塞、脳梗塞や脳出血）などがあげられます。

　歯と歯肉との間の溝（歯周ポケット）には常に細菌がいて、炎症を起こすと歯肉から血液に細菌が侵入します。細菌は血流にのって全身をまわり、全身疾患を引き起こします。健康な高齢者は、免疫機構により細菌を排除できますが、慢性疾患や寝たきりなど抵抗力が低下した高齢者では、細菌を排除できず病気になるのです。口腔内細菌と関連する疾患として、先の項目で肺炎について説明しています（p.6参照）。ここでは、それ以外の代表的な全身疾患と口腔ケアについて説明します。

菌血症、感染性心内膜炎

　口腔ケアをおこたり口腔内が不潔になると歯の表面にプラーク（歯垢）が蓄積し、歯肉に炎症が生じます。このような状態で、咀嚼運動やブラッシングを行うと口

腔内細菌が血管内に入り菌血症を生じます。全身状態が悪く抵抗力が低下している高齢者では、敗血症に移行することもあります。菌血症とは、血液中に細菌が存在する状態をいい、敗血症とは細菌による血液の感染症をいいます。

また、心不全や心臓の弁置換術後の高齢者では、口腔内細菌が血液によって運ばれ、心臓の内側にある膜（心臓内膜や人工弁など）に定着し、増殖して、感染性心内膜炎を発症します。そのため、心疾患や免疫力の低下した高齢者では、口腔の衛生管理に注意する必要があります。

心疾患、脳卒中

動脈硬化は、遺伝的要素、脂質異常症（高脂血症）、高血圧に加え、不適切な食生活や運動不足、ストレスなどの生活習慣が要因とされていました。しかし最近になって、歯周病菌などの細菌が関与していることが明らかになってきました。

歯周病菌などの刺激によって産生された炎症性サイトカインなどが、動脈硬化を悪化させると考えられています。つまり、歯周病の進行に伴い、狭心症や心筋梗塞、脳梗塞、脳出血となる可能性があるのです。

歯周病を防ぐためには、日々の口腔ケアで、歯周ポケットや歯の表面を歯垢のない清潔な状態にしておくことが必要です。

糖尿病

糖尿病で高血糖になると、感染に対する抵抗力が低下し、口腔内細菌が増殖しやすいため、歯周病を進行させるといわれています。また、歯周病菌が産生する毒素が、インスリンの機能（血糖値を下げるはたらき）を妨げるため、歯周病の進行が糖尿病の悪化をひき起こすという悪循環が生じます。さらに、唾液分泌量が低下して口が乾きやすくなるため、口腔内が汚れやすくなって口臭も強くなります。

一方で、歯周病を治療すると血糖値がコントロールしやすくなるなど、歯周病の改善が糖尿病の改善に関係することが近年報告されています。つまり、口腔内を清潔に保つことが、歯周病の悪化を防ぐだけでなく、糖尿病の進行も抑えることにつながります。糖尿病の人は特に口腔ケアを丁寧に行い、歯科で定期的な検診を受けることが重要になります。

口腔ケアで認知症が予防できる!?

歯周病が脳に影響を及ぼし、歯の喪失や咀嚼機能の低下が認知症の発症リスクを高めていることが明らかになりました。口腔ケアによってできるだけ歯を残し、かみ合わせを良好に維持することは、認知症の予防になると考えられます。

 歯を失うと認知症発症リスクが高まる

　かむことは脳への血流を増やし、脳のはたらきを活性化します。しかし高齢者は、歯周病やむし歯でかむことができなくなることがあります。近年、歯を失う原因となる歯周病などの炎症が脳に影響を及ぼし、かめなくなること（咀嚼機能の低下）が脳の認知機能の低下を招き、認知症発症リスクが高まることがわかってきました。

　また、認知症の行動・心理症状（BPSD）の進行が口腔の衛生状態の悪化を招いたり、歯科治療、口腔ケアの実施を難しくさせるなどの問題となります。

　口腔ケアで口腔内を清潔にすると同時に、ブラッシングやマッサージなどを行うと、口腔内の粘膜に刺激を与え、それが脳への刺激になると考えられま

口を刺激し歯をみがくと脳に多くの刺激が伝わる

す。つまり、口腔ケアによって脳が活性化されるのです。さらに歯の喪失を最小限にとどめ咀嚼機能を維持することも、脳の若さを保ち、認知症の予防につながります。

実際に、口腔ケアが認知症の症状の改善、進行の予防に効果があったと考えられる事例を紹介しましょう。

事例

94歳のA子さんは、4年前に認知症と診断され、3年前には流動食を口から流し込んで何とか栄養をとっている状態でした。意識レベルも低く、無表情で、余命は長くないと思われていました。しかし、歯科受診して義歯をつくり、介護職が歯や粘膜をきれいにする口腔ケアを集中して行った結果、6週間後には固形食が食べられるようになりました。

3年半が経った現在では、食べられないものはほとんどなくなり、栄養状態も改善しています。食事の時間を楽しみにするようになり、生き生きとして明るく毎日を過ごしています。

このような事例は、ほかにも多く報告されており、認知症高齢者に対する口腔ケアのアプローチや、その技術に関する研究も増えています。口腔ケアが認知症の症状改善や進行の予防に効果があることは、経験的には周知されてきています。科学的な根拠は、今後さらに研究によって明らかになっていくことでしょう。

口から食べる重要性と口腔ケアの関係

食べ物を口から食べ、咀嚼、嚥下することは、五感を刺激し、脳を活性化させます。絶食中でも、口腔ケアや口腔内マッサージ、味覚刺激を行うことが脳に刺激を与えます。口腔ケアは口腔内の清掃だけでなく、口腔機能を維持・回復させる効果も期待できます。

 口への刺激、口腔ケアや食事が脳を活性化させる

　ペンフィールドの感覚地図によると、口への刺激が広く脳を活性化させることがわかります。よって、口腔ケアは脳への刺激になります（p.10参照）。

　食べ物を咀嚼し、嚥下する際に、料理の見た目やにおい、味、音、口唇や舌で温かさ・冷たさ・かたさ・やわらかさを感じることが脳を活性化させます。

　自分の口で「おいしく食べる」ことは大きな楽しみであり、生きる意欲にもつながります。食事は、脳の広い領域を活性化するので脳への刺激という点でも非常に有効な行動です。口腔ケアを行って歯や口の状態が良好に保たれることで食事のバランスや量、栄養状態を良好に保つことは、健康の維持に役立っています。また、食事を口からおいしく食べ、楽しむことは、心理的、社会的よい影響を与え、高齢者の生活能力や意欲の維持に役立ちます。

　食を含めた活発な生活行動は、脳に常によい刺激を与え、認知症の予防につながると考えられます。有効な治療法のない認知症の予防のためにも、身近な口腔ケアの意義を見直しましょう。

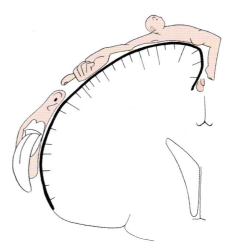

ペンフィールドの感覚地図を改変

口から食べない経管栄養の人こそ口腔ケアが重要

　口から食べることができなくなった場合は、経管栄養が行われることがあります。鼻からチューブを入れる方法（経鼻経管栄養）と、腹部の皮膚と胃に穴を開けてチューブを入れて行う方法（胃ろう経管栄養）とがあります。

　経管栄養を行っている人は、唾液の分泌が減って自浄作用が低下し、口腔内細菌が増殖し、口臭が強くなり舌苔も増えやすくなります。もともと嚥下障害がある高齢者では、肺炎を引き起こす原因にもなります。これを防ぐためには、口腔内の清潔が重要です。

　経管栄養を行っている人は、口腔内が汚れやすくなっています。また、口から食べないために、口腔機能も低下しがちです。先述のように口腔ケアは、口のなかをきれいにして肺炎のリスクを減らし、さらに唾液の分泌を促進させたり、口腔周囲筋を刺激して口腔機能を維持・増進する効果があります。つまり、経管栄養を行っている人ほど、口腔ケアが重要なのです。

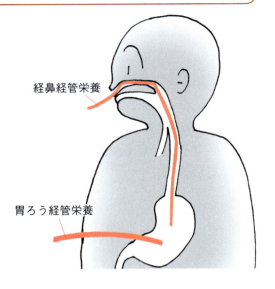

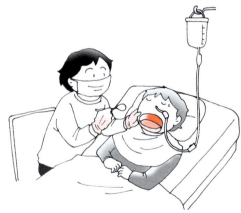

経管栄養を行っていて、経口摂取していない人ほど口腔ケアが重要

廃用症候群の予防、介護予防としての口腔ケア

口には咀嚼、嚥下、唾液の分泌、呼吸、発音、表情など、食べることやコミュニケーションのための機能があり、これらを維持することは、心身の健康だけでなく、高齢者が自立した生活を送るために欠かせません。口腔ケアは、口腔機能の維持に役立ち、廃用や介護予防に大きな意義があります。

 ## 介護予防としての口腔ケア

　加齢とともに歯の喪失、口腔乾燥などの変化が現れ、口腔機能は低下していきます。早期に、適切な口腔ケアや歯科治療を受けることにより、口腔機能や口腔環境は改善していきますが、食べることをあきらめたり、人との会話を避けて閉じこもってしまうと、口腔機能は低下し、口腔環境はますます悪化します。さらに、栄養状態の不良、低栄養や精神・運動機能の低下も相まって要介護状態へと近づいていきます。

　口腔ケアにより社会参加(「現場におけるアセスメントの実際(ICFの考え方)」p.68参照)が増えれば、閉じこもりやうつ病、認知症の予防が期待できます。そして要介護高齢者の減少が期待できるといえます。

図4　介護予防としての口腔ケア

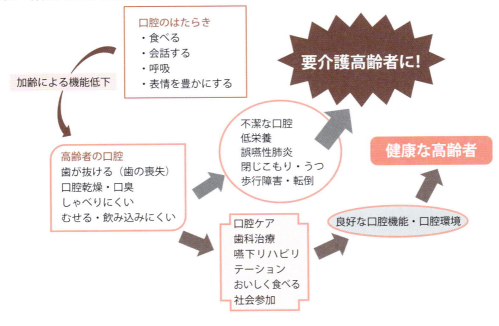

廃用症候群の予防

　高齢者では食べない、会話しない、身体を動かさないという状態が続くと、廃用症候群になり、全身へさまざまな悪影響を及ぼします。廃用が進むと、口が開きにくくなる、舌がうまく動かせなくなる、しゃべりにくくなる、飲み込みにくくなるなどの症状が出てきます。しかし、口腔ケアで口を開けたり、舌や頬を動かしたりすると口腔機能の維持・向上が図られます。

　口腔ケアは、単に口の清掃と考えている人も多いのですが、実は筋力トレーニング、マッサージ効果も期待できます。「歯をみがく」というADL（日常生活動作）は、いくつもの体の動きが組み合わさっています。自分で歯をみがくためには、立って洗面所まで移動して、歯ブラシを手に持って歯みがき剤をつけ、腕を上下左右に細かく動かして歯をみがき、最後に含嗽（うがい）をしなければなりません。この一連の動きには、手だ

図5　廃用症候群

けではなく、全身のさまざまな筋肉が使われているため、血流の改善・促進、筋力維持の訓練にもなっています。

　もし、自分で歯みがきができない状態でも、歯みがき剤や水または温水、歯ブラシの感触、流水音などを見て、かいで、味わって、聞いてと、すべての感覚器を通して脳を刺激することが、廃用症候群の予防の一助となるでしょう。

歯の健康は廃用症候群の予防に有効

参考文献
- 河村圭子・渡辺美鈴・渡辺丈眞・松浦尊麿・谷本芳美・河野公一、Incidence of disability in housebound elderly people in a rural community in Japan, *Geriatrics and Gerontology International*, 5（4）, pp. 234-241, 2005.
- 厚生労働省「平成27年人口動態統計（確定数）の概況」2016年
- 小関健由「高齢者の口腔内環境と全身疾患」『老年期認知症研究会誌』第19巻第2号、p.44〜46、2012年
- 田中志子・出雲祐二・工藤久・工藤英明・宮本雅央・佐々木英忠「口腔の健康が全身の健康へ及ぼす影響」『ヘルスサイエンス・ヘルスケア』第8巻第1号、p.3〜8、2008年
- 西谷美保・坂下玲子「口腔ケアを受け入れない認知症高齢者の心地よさに繋がる口腔ケアの探求――歯科衛生士が用いている口腔ケア技術の抽出」『兵庫県立大学看護学部・地域ケア開発研究所紀要』第21巻、p.87〜100、2014年
- 山本龍生・近藤克則・平井寛・中出美代・相田潤・埴淵知哉・平田幸夫「現在歯数、咀嚼能力およびかかりつけ歯科医院の有無と認知症を伴う要介護認定との関連：AGES プロジェクトのコホートデータによる分析」第21回日本疫学会学術総会、2013年1月2日、札幌市
- http://www.ninchisho-forum.com/movie/00000248/　認知症フォーラム.Com動画でわかりやすく認知症を知るサイト

高齢者への口腔ケアのポイント

高齢者の口腔の特徴

高齢になるにつれて口腔内細菌の数と種類が増え、かび（カンジダ）も多くなります。目が悪くなったり、手の細かい動きができなくなったり、認知機能が低下したりするため、自分で自分の口をきれいにできなくなります。また、唾液の分泌が減り、口が渇きやすく、むし歯や歯周病が進みやすくなるため、歯が抜けてかみにくくなり、義歯を使う人が増えます。

 口腔乾燥しやすくなる

　高齢になるにつれて、口腔周囲筋の筋力が低下して動きが悪くなり、唾液の分泌が減少します。また、さまざまな薬の副作用として、口渇が起きます。しかし、加齢に伴いのどの渇きを感じにくくなるため、水分を摂取しない人や夜間の排尿回数を控えたいとの思いで水分をとらない高齢者も多くいます。これらはすべて唾液の分泌量が減ることにつながり、高齢者は、口腔乾燥になりがちです。唾液が粘る、口がべたべたする、唾液が泡立つ、舌や口蓋がざらざらする、口のなかや唇がカサカサするという症状は、すべて口腔乾燥の症状です。口が渇くことによって、パサついたものが食べられなくなったり、味がわかりにくくなったりすることもあります。

 口腔内細菌が増え、カンジダも多くなり、口が汚れやすくなる

　加齢とともに、むし歯の原因菌・歯周病の原因菌、日和見感染菌（毒性が弱く抵抗力があるときは病気を引き起こさないが、抵抗力が低下したときには敗血症などの重篤な症状を引き起こす菌）が増えます（図1）。さらに認知機能や上肢機能の低下により、口腔清掃の意欲が低下し、清掃状態も悪くなりがちで、洗い流す唾液の分泌も少ないために、結果として高齢者の口腔内は汚れやすくなります。

図1　加齢による口腔内細菌の増加

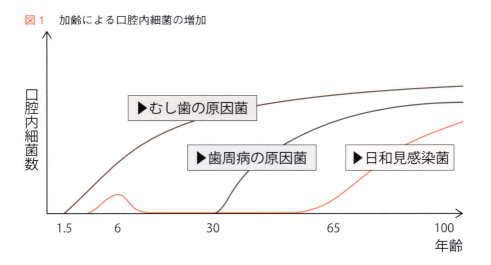

むし歯ができやすくなる

　唾液の分泌が減少し、口の渇きがある高齢者は、口を潤すためにアメなどを頻回に摂取していることがあります。食事や間食の回数が増えると、そのたびに歯が溶かされます。しかし、唾液の分泌が少ないので唾液の再石灰化（溶かされた歯を唾液中のカルシウムなどで修復すること）が行われにくく、歯が修復されないため、脱灰（歯が溶けること）が進みます（図2）。口腔内はむし歯の原因菌が多くなっているうえに、歯周病により歯茎が下がり、歯と歯の隙間が広がり、溶けやすく削れやすい歯根が露出しています。歯冠（歯の頭）と歯根の境目の歯頸部は、歯みがきの際にみがき残しの多い面で、むし歯が進みやすくなります。その結果、歯冠が崩壊して歯根だけになる状態がみられます（図3）。

図2　むし歯の成り立ち

私たちの歯は常に脱灰と再石灰化を繰り返しており、そのバランスがくずれるとむし歯になります

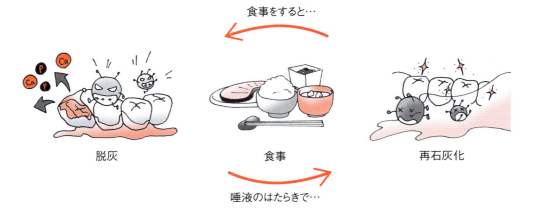

図3　高齢者で起こりやすい歯頸部のむし歯の進行

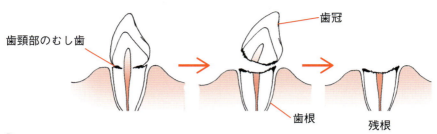

歯周病がある

　もともと歯と歯の間や歯と歯茎の境目は、みがき残しが多い部分で、30歳代以上のほとんどの人が歯周病になっています。歯周病は痛みがなく進行するので、歯茎が赤く腫れたり、膿が出たりしないと自覚することがありません。口腔ケアを行わないと、また、歯科受診して適切に口腔清掃指導や歯石除去を受けないと歯周病はさらに進行し、重度になります。

口臭が強くなる

　口腔が乾燥すると口のにおいは濃縮され、強くなります。口腔や義歯の清掃状態が不良だったり、舌苔が厚かったり、むし歯を治療せずに放置したり、歯周病が重度だったりすると、口臭はさらに強くなります。

義歯を装着している

　むし歯や歯周病で歯を失い、取りはずしできないブリッジや取りはずしできる義歯を使用する高齢者はたくさんいます。

　ブリッジの支えとなる歯の周囲は、清掃状態が悪いとむし歯になりやすく歯周病も進み、口臭の原因になります。部分床義歯のクラスプ（ばね）がかかっている歯は、義歯に接している部分が汚れやすく、また清掃不良になりがちです。義歯のプラスチックの部分はにおいが吸着しやすく、クラスプの部分は細かいためみがき残しが多く、義歯からにおいがすることが多くみられます。口腔乾燥のある高齢者は、義歯と義歯のあたる粘膜にカンジダが増えやすく、義歯をはずすと、義歯の形に粘膜が赤くなっていることがあります。また、合わない義歯を長く装着していることで粘膜に潰瘍ができることもあります（口絵参照）。

咀嚼障害、嚥下機能の低下がみられる

　むし歯や歯周病などによる歯の数の減少、咀嚼や嚥下に関係する口やのどの筋力低下、脳卒中の後遺症や認知症による咀嚼や嚥下機能の低下によって、高齢者は食事に時間がかかったり、むせたり、誤嚥しやすくなります。飲食物の誤嚥だけでなく、安静時や睡眠中にも唾液を誤嚥することがあります。

コラム　HIVはB型肝炎よりとてもこわい？

　HIV感染症はヒト免疫不全ウイルス（HIV）がヒトの免疫機能の中心であるCD４陽性リンパ球を破壊して免疫機能が低下するウイルス感染症の１つで、血液・精液・母乳などを介して感染します。

　日本では、血友病患者の非加熱血液凝固因子製剤による薬害エイズの和解をきっかけに、治療や研究が進みました。最近は性交渉による感染が主で、年々感染者数が増えており、高齢の感染者もあります。

　HIV感染症はAIDSを発症したときの激烈な症状や、検査や治療法が確立されていなかった頃には短期間で亡くなる人が多かったため、死に至るこわい病気と思われ、HIV感染症者に対して不安や恐怖を覚えたり、誤解をしている人が多いようです。

　現在はHIV感染者と判明して薬剤の服用を適切に行っていれば、血液中のウイルスは２～６か月程度で非常に少なくなり感染力は弱まります。また、HIV感染者の免疫機能も回復して、非感染者と同じように生活したり、長生きできるようになりました。つまり、非感染者と同じように介護施設やデイサービスの利用の機会もあるということです。感染力については、血液の暴露によりB型肝炎ウイルス（HBV）は30％感染するのに比較してC型肝炎ウイルス（HCV）は３％、HIVは0.3％です。HIVはアルコールで不活化されますが、HBVは不活化されず、環境表面でも１週間はウイルスが生き続けるくらい強力です。つまり、HIVの感染力は肝炎ウイルスに比べて弱いのです。よって通常の介護で感染することはまずあり得ません。HIVだからと恐れたり避けたりするのはかえって差別にあたります。

　感染対策では、すでに感染者であるとわかっている人への対応だけでは不十分であり、すべての人から感染する可能性があると考え、普段の介護業務で体液を扱う場合には、誰に対しても感染対策を行うことが重要です（標準予防策）。口腔ケアのときはグローブ・マスク・エプロン・ゴーグルが推奨されます。感染力の強いHBV対策の１つとしてはワクチン接種を行いましょう。もし自分に感染が疑われるときには、施設の取り決めに従い病院を受診しましょう。

高齢者への基本的な口腔ケアの方法

高齢者が自分自身で口腔清掃を行い、清潔を保つことは難しいことです。自分でできる人に対しても事後確認を行い、必要に応じて仕上げみがきをします。介助で行う場合は、リラックスさせ、誤嚥に注意しながら、歯と粘膜と義歯を清掃します。むし歯および歯周病対策としては、毎食後の口腔ケアを実施します。また、睡眠中は唾液の分泌量が低下し、口が汚くなりがちなので、夜寝る前の口腔ケアは重要です。

 ## 口腔ケアの実施法

① 高齢者の状態に応じた適切な用具を選択し準備します（p.30参照）。
② 基本的な手順

※口腔ケアは、高齢者の口腔機能を引き出すことを考えながら実施します。

・口腔ケアを行うことを説明します。
・用具を準備し、安全・安楽な姿勢を設定します。
・過敏がある場合、脱感作を行います。過敏がない場合でも深呼吸やホットタオルでの顔の清拭を行いリラックスさせます。
・口腔内を観察します。
・うがいをします。できない場合は保湿ジェルを塗り、スポンジブラシで口を潤します。
・義歯ははずしてみがきます。
・歯をみがきます。
・舌粘膜をみがきます。
・うがいまたは洗浄をして掻き出した汚れを口腔外へ排除します。
・必要に応じ保湿をします。
・義歯を装着します。
・後始末をして終了します。

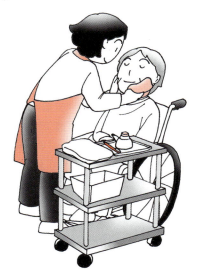

口腔ケアの導入ポイント（p.50参照）

　他人に口を開けて見せるのは誰でもためらわれることです。必ず利用者に声かけし、これから行うことについて、丁寧に説明を行います。また、身体へのタッチングや深呼吸、温かいタオルで顔を拭くなど、安心を与えリラックスした状態をつくるよう工夫します。

 ### 安全配慮のポイント

　洗面台でみがく場合、すべらないように洗面台周りの床の水ぬれがないか確認し、また、手すりを設置するなど環境を整備することが大切です。車いすのブレーキをかけることをおこたらないなど、基本的なことは確実に行いましょう。介助でみがく場合、利用者ごとに感染対策を行います（p.28参照）。

 ### 口腔ケアの実施時間とその意義

　起床直後は最も口臭が強く口腔内が汚れています。就寝中に唾液の分泌が低下し、口の動きが少なく嚥下回数も減るため、細菌の活動が活発となり、においが濃縮されるからです。

　食前のケアは、口腔内の菌数を減らし、口を潤して食べやすくし、口唇や舌や頬を動かすので食べる準備体操の意義があります。誤嚥を減らし、もし誤嚥した場合も唾液や食物に付着している細菌を少なくすることができます。

　食後は、食物残渣を貯留させたままにしておくと、むし歯や歯周病が進むため、できる限り毎食後に口腔ケアを行いましょう。

　睡眠中の唾液分泌量の低下により、口が汚くなりがちです。そのため、就寝前の口腔ケアと保湿は重要です。

　介助で行う場合、1日に実施する回数が限られるため、時間が十分にとれません。1日1回しか実施できない場合は、なるべく就寝前に実施しましょう。夕食後に間食をしないようであれば、夕食後に丁寧な口腔清掃を行いましょう。また、夕食後や夜間でなくても、1日1回どの時間帯でもよいので徹底的にきれいにすることを心がけると、他の時間帯のケアは短時間でも口腔の清潔が保たれやすくなります。

実施時の安全・安楽な姿勢

利用者が疲れにくく、安楽な呼吸と安定した姿勢保持ができ、介護者も疲れずケアしやすい姿勢に設定します。介助は、利用者の状態や姿勢にあわせて対面、横、後ろ、頭側などから行います。ケア中に誤嚥リスクが高いのは、嚥下障害のある人、意識レベルの低い人、認知症の人、座位がとれない人です。どの姿勢においても、水分や唾液の誤嚥に注意し、頸部前屈や唾液・水分を吐き出しやすい頭位を心がけます。

立位で行う場合

立位でみがく場合は、介護者は利用者の横に立ち様子を観察し、必要に応じ鏡を見せたり、手を添えたりしてみがき方を誘導します。

介助みがきが必要な場合は、介護者は利用者の正面に立ち、頭部が後屈しないように注意しながら行います。

座位で行う場合

座位がとれる人の場合

立位が不安定な人、誤嚥リスクの少ない人、水を口にためられる人、頸部伸展や後屈および麻痺のない人は、座位姿勢で行います。頭部を前屈することで口腔内の唾液や水分等が咽頭に流入することを防ぎます。

座位はとれるが介助みがきが必要な人の場合

座位で介助みがきを行う場合は、介護者が立っていると利用者の口のなかが見えにくくケアがしにくいため、利用者の下顎を挙げ頭部を後屈させてしまいがちですが、誤嚥の危険性が高くなります。また、介護者は、腰をかがめた低い姿勢で利用者を見上げるため、体に負担がかかります。

介助みがきはできれば洗面台で実施するようにします。介護者は利用者の横に座り、介助みがき時に後屈させた場合は短時間で頭部を戻し、唾液を排出させます。また介助でみがき、短時間で前屈に戻して唾液を排出する、を繰り返します。洗面台でできない場合は、口元にガーグルベースンなどの受け皿を用意し、口のなかのものをすぐに吐き出せるようにします。または、介護者が後方に回り頭部が後屈しすぎないように、介護者の利き手と反対の脇と前腕部で利用者の頭部を抱えるか支えて、口腔内をのぞき込むようにしてケアします。介護者との接触面を多くすることで利用者に安心感を与えることができます。

利用者がベッド上で座位になる場合は、背板を起こして、膝を曲げて下肢を安定させ、テーブルを入れ、頭部を前屈にして行います。

 ### リクライニング位で行う場合

疲れやすい人や、起立性低血圧を起こしやすい人に口腔ケアを行う場合は、座位よりリクライニング位（セミファーラー位、ファーラー位）のほうがよいと考えられています。しかし、リクライニング位は、食事では誤嚥しにくい姿勢といわれていますが、口腔ケアでは常に口を開けたままとなるため、舌の位置が下がりやすくなり、舌や軟口蓋の筋力の低下した高齢者は、唾液

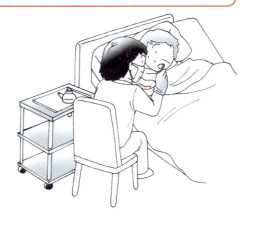

や水を口腔内にためておきにくいため、咽頭に流入し誤嚥する危険性があり、必ずしも誤嚥しにくい体位ではありません（コラム参照）。リクライニング位で口腔ケアを行う場合は、必ず誤嚥を防ぐために頭部を前屈させます。しかしこの体勢は口腔内、特に上顎が見えにくく、介助しにくい姿勢です。そのため、できるだけ顔を横向きにし、口腔内の水分が咽頭に流入しないようにさせ、長い時間開口を続けずケア中にも頻回に排液を行います。また、途中閉口し、休憩を入れる配慮が必要です。より安全に実施するためには、口腔内吸引をすることも検討します。

仰臥位で行う場合

仰臥位は最も口腔内を観察しやすい体位です。顔を横向きにすると唾液等の水分を口のなかにためることができ、排液しやすいので、咽頭への流入が少なく誤嚥のリスクを減らすことができます。顔を横向きにできない場合は、適宜口腔内の唾液と水分を吸引して安全にケアすることを心がけます。

側臥位で行う場合

麻痺がある場合、麻痺側を上にした側臥位をとり、介護者は利用者の横からケアすることが基本となります。特に円背や頸部前屈できない場合は側臥位が有効です。ベッドサイドで実施するときは、介護者がいすに座りケアする高さに調整します。側臥位は、顔が横に向き、口腔内に唾液をためやすく、排液しやすい体位です。

コラム　30度神話？

　摂食嚥下障害のある人では、30度ヘッドアップは、舌の動きが悪くても口から咽頭に食べ物が移動することが期待でき、座位に比べて気管が上、食道が下なので誤嚥しにくいと考えられています。

　誤嚥を防ぐ主な仕組みに舌骨上筋群による喉頭の挙上と喉頭蓋による喉頭閉鎖がありますが、これは閉口している状態で行われています。しかし、口腔ケア時は開口しているため、舌骨上筋群は嚥下時と同じようにはたらくことができません。つまり口腔ケア時は、もともと嚥下しにくく、誤嚥しやすい状態であり、嚥下時によいと考えられている30度ヘッドアップが、口腔ケア時に誤嚥をしにくい姿勢とは言えません。

　口腔ケア時、水分は舌下部や口腔底や口腔前庭にたまります。開口していると、舌が平らになり、舌奥が上がりにくく、口腔と咽頭の間を遮断して口のなかのものが咽頭に流入するのを防ぐはたらき（舌口蓋閉鎖）が起きにくく、口腔の水分は喉頭蓋谷や梨状窩に流入します。咽頭に流入しないようにするためには、口にたまっている水分をすぐに吐き出せるように、前傾姿勢、頸部前屈をとるようにします。頸部後屈で開口していては、口腔内に水分をためておくことはできず、重力の作用によって水分が咽頭に流れて誤嚥しやすいので、注意が必要です。

　口腔ケアの姿勢を設定するときには、ケアをする人も受ける人も安定して安楽で疲労しにくい、ケアがやりやすい（見えやすい）状態で、確実に短時間で実施できるようにすることが安全・誤嚥予防につながります。口腔ケア時の姿勢設定は、背中と頸部の角度に留意し、さらに誤嚥のリスクがある場合は、吸引を適切に使用することが重要であり、座位がとれる人をあえて30度リクライニング位にする必要はありません。

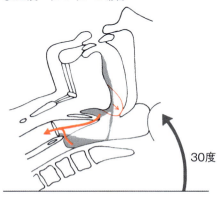

●30度ヘッドアップの場合

30度

口のなかの水分は、喉頭蓋谷、梨状窩に流入し、さらに喉頭に流入する可能性がある

感染対策の重要性

口のなかには700種類以上、便のなかと同じくらいたくさんの微生物がいて、むし歯や歯周病原因菌のほかにも、肺炎桿菌やカンジダなどの日和見感染菌（普段は弱い毒性だが免疫力が落ちてくると肺炎や敗血症を引き起こす菌）が加齢とともに増加します（p.18参照）。口腔ケアの際には口腔内の微生物のほか、歯周病による歯肉出血や膿を含んだ唾液が飛び散るので、介護者は、利用者全員に対して感染対策を行います。義歯や歯ブラシなどの洗浄や接触を介して人から人に菌がうつることも防ぎましょう。

標準予防策のすすめ

口のなかにはむし歯や歯周病の原因菌や数百種類の微生物が存在しています。ブラッシングにより、これらの菌や歯肉からの出血を含んだ唾液が周囲に飛び散り、介護者自身も汚染されます。介護者が感染症から身を守るとともに、介護者が感染源の媒介となることを防ぐために、標準予防策をとることがすすめられます。

介護者の服装と手洗い

唾液や血液を含むしぶき（飛沫）がケア中もケア用品の洗浄中も飛び散るため、マスク・ゴーグル・エプロン・グローブは必ず装着しましょう。これらは、1人の介助が終わるごとに交換し、グローブをはずすたびに手洗いを行います。1ケア1手洗いが基本です。複数人を同時にケアするのはやめましょう。

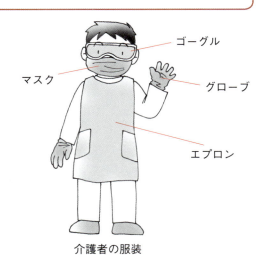

介護者の服装

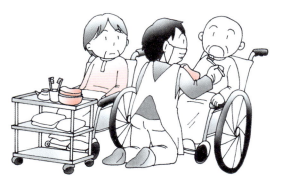

複数人を同時にケアしない
※ケアにあたっては介護者にはゴーグルの装着が必須となるが、ここでは省略している

グローブをはずすたびに手を洗う

 ### 歯ブラシの保管方法

歯ブラシは歯みがきが終わったら個人ごとにすぐに流水でよく洗い、1本ずつ独立するようにブラシ部分を上にして立てて乾かします。他人の歯ブラシ同士が接触しない工夫が必要です。

 ### 入れ歯の洗い方

共用のブラシで大勢の人の義歯を洗うことは好ましくありません。利用者ごとに別々のブラシを使用し、保管の際にも個別の容器に保管します。保管容器は、使用しないときは水を捨て、乾燥させましょう。

口腔ケアに必要な用具

口の状態にあわせてケア用具を選びます。歯のある人は歯ブラシが基本です。歯みがき剤は必須ではありませんが、高齢者では泡がたたないフッ化物配合のものをすすめます。舌ブラシや粘膜ブラシ、義歯ブラシも併用しましょう。

部位別の基本用具の選択

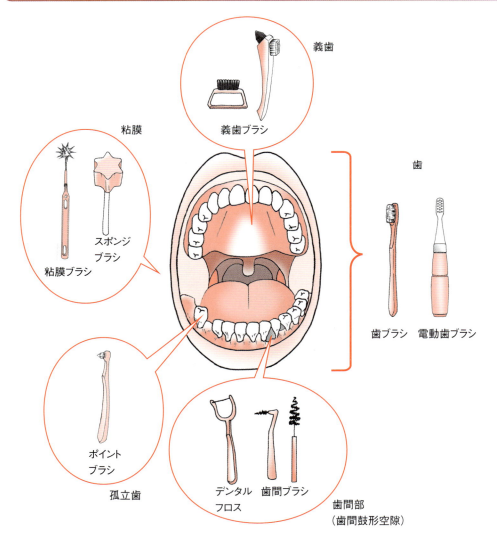

ブラッシング用品

歯ブラシ

　自分でみがく場合は、柄が握りやすくヘッドはやや大きめ、ブラシの毛質は、ふつうから少しやわらかめを選びましょう。出血するからといってやわらかすぎるものや動物の毛のものを選ぶのは好ましくありません。動物の毛はやわらかすぎて刷掃効果がなく、乾燥しにくいため不潔になりやすいからです。麻痺のため利き手交換をしている人の場合、手を細かく動かすことが難しいため、大まかに動かしても毛先がなるべく歯にあたるようなヘッドが大きめの歯ブラシや、高密度のブラシ毛が円筒状に360度植毛され、手首を返さずに歯みがきができるものを選ぶのもよいでしょう。

　介助でみがく場合は、利用者の呼吸や嚥下、開口の大きさ、開口時間などに合わせて、奥歯への挿入や裏側みがきなどが行いやすい小さめのヘッドで、毛のかたさはふつうから少しやわらかめを選ぶとよいでしょう。

　歯ブラシのヘッドを裏から見たときにブラシの毛がはみ出るようになったら交換をすすめます。

電動歯ブラシ

　電動歯ブラシは、効率よく短時間でみがけます。電動歯ブラシは手用歯ブラシと異なり、大きく前後に動かさず、歯の歯頸部にしっかりとあて、1か所につき数秒みがき、順次隣の歯をみがくようにあてていきます。上肢の巧緻性が低下している利用者にも、疲労が少なく適切です。

　ブラシは必ず確認して各利用者のものを用います。柄を共用する場合は、使用ごとに柄をアルコール綿などで清拭します。ブラシは使用後洗浄し、乾燥させて保管します。手用歯ブラシと同様に電動ブラシの毛も開いてきたら交換をすすめます。

形状記憶ブラシ・ハンドルカバー

　手の麻痺がある人や握力が弱い人の場合は、歯ブラシの柄（ハンドル・グリップ）部分の長さや太さ、角度を変えられる形状記憶ブラシや、歯ブラシの柄を太いカバーに差し込んで調整したものを使用します。作業療法士に柄の加工を依頼することもあります。

ポイントブラシ

　ブラシ部分が小さく、歯間部や歯と歯肉の境目や歯根だけになった歯をみがくのに便利です。残存歯のすべてが歯根だけであれば、歯肉を傷つけないよう、ポイン

トブラシを使い、周囲の歯肉への過剰な刺激を減らします。

 ## 粘膜ケア用品

　スポンジ型や歯ブラシ型などがあり、頬や舌、口蓋の粘膜を軽くこするようにして剥離粘膜や粘稠唾液およびそこに含まれる細菌を除去します。粘膜への清拭による清掃効果だけでなく、粘膜にある小唾液腺からの唾液の分泌が促され、粘膜が潤い、口腔乾燥の改善も期待できます。

ワイヤーにブラシ毛を付けて球体状に巻いた粘膜ブラシ
　ブラシの触感はやや強いので、適度な圧力で清掃とマッサージができます。粘稠な唾液や、咽頭部の痰の除去にも便利です。ブラシは流水下でよく洗浄し、ブラシ部を上にして乾燥させて保管します。ブラシの毛が開いたり、ワイヤー部分が変形したり、さびたりした場合は交換をすすめます。

スポンジブラシ
　水や薬液・保湿剤を含ませて粘膜の清拭を行います。水でむせたり、水分を誤嚥するためうがいができない場合、口腔内の汚れの吸い取りや拭き取りにスポンジブラシを用意します（なお、うがいができる人では、スポンジブラシは不要なことがあり、粘膜清掃のためには舌ブラシや粘膜ブラシなどを用意するとよいでしょう）。

　スポンジブラシの柄はプラスチック製や紙製などがありますが、どちらも、1回の口腔ケアごと（1回の清拭ごとではない）に使い捨てとします。

　使用方法は、水を入れたコップを2個用意します。スポンジブラシを1つのコップの水にぬらしてから水分をよく切り、舌や頬・上顎（口蓋）、歯肉などの粘膜を口の奥から手前のほうに向かって清拭し、もう1つのコップの水で汚れをよく洗い、再度きれいな水のコップにつけ水分を切り清拭する、を繰り返します（図4）。

 ## 舌ケア用品

舌ブラシ
　口臭の原因となる舌苔除去のために舌ブラシを使用します。経口摂取していない人や、軟食や嚥下食を摂取している人では舌苔が増えやすく、舌清掃に舌ブラシが必要です。へら状やブラシ状がありますが、舌乳頭の間まで乳頭を傷つけず清掃するにはブラシ状のものをすすめます。使い方は、p.43を参照ください。

　舌ブラシにワイヤーが使用されているものは、ワイヤーがさびたり、変形した

図4　スポンジブラシの使い方

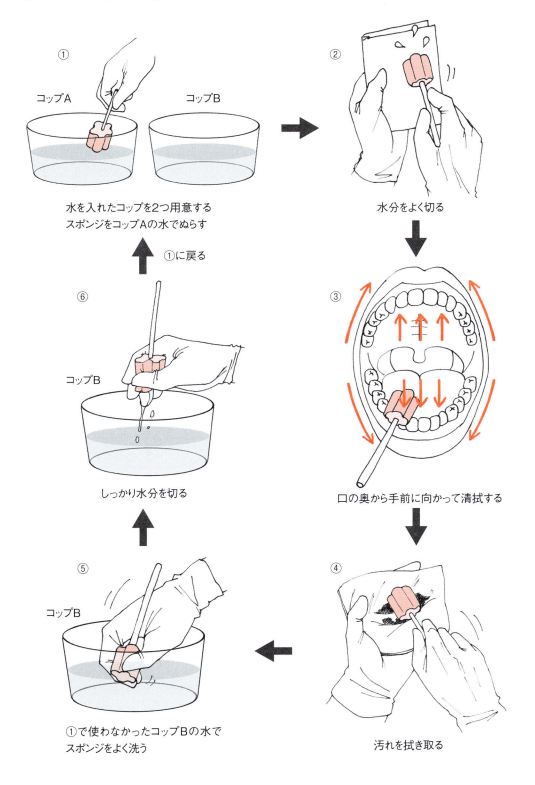

ら交換をすすめます。

歯みがき剤

ペースト状歯みがき剤
　歯みがき剤は、必ずしも必要ではありません。歯みがき剤に含まれる発泡剤により口のなかが泡立つことと、歯みがき後の爽快感があることで、きちんとみがけていると誤解し、歯みがきを短時間でやめてしまうことがあるからです。また、発泡剤は口腔粘膜を乾燥させるので、口腔が乾燥しやすい高齢者や介助によるケアを受け、うがいが十分にできない利用者では、無配合のものを選択します。さらにむし歯が進みがちな高齢者では、歯質強化作用のあるフッ化物配合の歯みがき剤の使用がすすめられます。

デンタルリンス、マウスウォッシュ、洗口液
　デンタルリンスや洗口液には、歯垢除去・保湿・口臭抑制・細菌の再付着を防ぐなどの効果がありますが、基本的には、歯みがきの補助として使用します。発泡剤を含まない製品が多く、うがいの回数が少なくて済みます。認知機能、高次脳機能の障害のある利用者では、飲料と間違えて飲み込んでしまう(誤飲)ことがあるので手の届かないところに保管します。

保湿剤

ジェル、スプレー、リンス（p.48参照）
　口腔乾燥のある場合、ケア時に口唇を含め口腔内全体に塗布・噴霧・含嗽(がんそう)を行い保湿します。安静時にも口腔乾燥がある場合には適宜使用します。

補助清掃用具

口腔清拭シート
　指に巻きつけて口のなかを拭ったり、歯をこすったり、義歯を拭ったりと、さまざまな使い方ができます。水分でむせる人、うがいができない人のケアや、震災時など水がなくてうがいができない環境の際に活用します。

デンタルフロス
　歯と歯の間の食物残渣や歯垢を取り除くための糸状の清掃用具であり、柄つきのものや糸状のもの、ワックスつきやワックスなしがあります。

歯間ブラシ

　隣り合う歯と歯の接触部と歯茎の間には歯間鼓形空隙(しかんこけいくうげき)という隙間があります。その空隙には歯垢や食渣がたまりやすいので、その部分の清掃に使います。サイズは４Ｓから２Ｌまであります。

　隙間がないのに無理に使用したり、隙間より大きなものを使ったりすると歯肉を傷つけ、小さすぎると清掃効果がありません。空隙の大きさに合わせて選択し、頬(唇)側と舌(口蓋)側から出し入れして清掃します。

開口補助具

口角鉤、アングルワイダー、ミニワイダー

　口唇と頬粘膜を排除することで口腔内を見やすくし、開口が得られます。口唇が乾燥しているときは口唇と口角鉤に口腔保湿剤を塗布して使用します。使用時間は１回のケアで最長30分を限度とし、個人用に用意したものは洗浄後乾燥させ保管します。滅菌処理も可能です。亀裂や破折線がある場合は交換します。

指ガード

　介護者の指にはめて利用者の臼歯部に挿入し、かませて開口を保持します。認知症のある利用者などから介護者が指をかまれないために使用します。個人用に用意したものは洗浄後乾燥させ保管します。亀裂や破折線がある場合は交換します。

その他

ライト

　口腔ケア実施時に口腔内を明るく照らし観察するため、ペン型、懐中電灯型、ヘッドライト型などのライトを使います。

ガーグルベースン(受け皿)

　ケア中にこぼれたり吐き出したりする水分を受けるための容器です。

コラム　お茶(カテキン)の事実

　お茶に含まれるカテキンの抗菌効果・口臭抑制を期待して口腔ケアの際にお茶が使用されることがあります。しかし、推奨される有効な濃度や温度、効果の程度がまだ不明確です。また、お茶は水分なので、口腔内や歯、粘膜にとどまらないために効果が期待できないと考えられています。お茶は、日本人、特に高齢者にとってなじみが深いものです。味に違和感がなく使用でき、洗口液ではないので、誤嚥のリスクの低い人では吐き出さずに飲み込んでもよいという点では、認知症や終末期のケアで使いやすいでしょう。

口腔内観察のポイント

口腔内を上手に観察するためには、口腔内がよく見えるようにすることが重要です。口腔内がよく見えるとみがくポイントがわかりやすく、短時間でうまく口腔ケアを実施することができます。ペンライト等の照明を活用し、口腔内を明るく照らし、指や開口補助具で口唇や頬粘膜を排除して観察します。

開口のコツ

　開口に非協力的な人の場合でも、歯の唇側・頬側なら介護者が指で口唇や頬を広げることで観察できます。声かけして慣れるのを待ち、唇側や頬側を観察しケアしながら、少しずつゆるんできたら口のなかや奥、舌・口蓋側をケアするようにします。

　少し離れたところから、「"あーん"とお口を開けてください」と促しながらこちらも口を大きく開けると、まねをして開けてくれることがあります。

　どのようにすると見やすいか、苦しくないかなどを、他人の口の観察やケアを実施する前に、理解しておくことが大切です。まずは、介護者自身が、他人にケアされることを想定して、自分の口の清掃の際に、自分で自分の口を観察してみましょう。

観察項目と記録の重要性

　利用者の状態にあわせて1度ではなく何回かに分けて観察します。歯が抜けた、痛みがあるなど変化があればそのつど観察しますが、毎回のケア時に、すべての項目を繰り返し観察しなくてもよいでしょう。観察したことは、必ず記録に残し、継続して注意していくべき項目や部位を職員間で話し合い、情報を共有しましょう。また、必要に応じ歯科受診や多職種との連携を考えましょう。

表1　健康な口腔の状態

- 歯は28本（親知らずまで含めると32本）で連続して並んでいて途中の抜けがない。
- むし歯、動揺する歯、歯垢や歯石がない。
- 口唇は平滑でピンク色で口角炎がない。
- 口腔粘膜は潤いがありピンク色で潰瘍や腫瘍がない。
- 口蓋は発赤、白苔やカンジダなどの付着物や乾燥がない。
- 舌はピンク色で潤いがありぶつぶつの乳頭がある。
- 歯肉はピンク色で引き締まっていて、出血や排膿がない。
- 唾液は泡立ちがなく、粘りが強くなく糸をひかず粘膜を潤していて指で粘膜をさわると抵抗なくすべるように動かせる。
- 顔は正面から見て唇や頬の形や動きが左右対称で鼻唇溝も対称にある。
- 口臭はない。
- 開口障害や顎関節の脱臼がない。
- 食物残渣がない。
- 義歯は適合し、口を開けたときに落ちてきたり浮いたりしない。
- 義歯に破折や破損がない。
- クラスプのかかる歯が欠けていない。

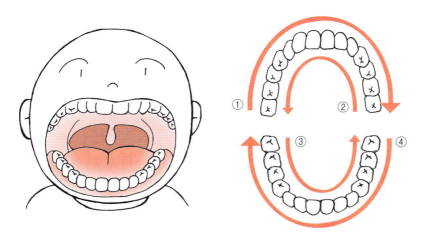

口を観察するときも、みがくときも、一定の方向に見る

すぐできる簡単なアセスメント方法

口腔ケアが適切に行われているかどうか、ケアのたびに確認することは大切です。口臭は、簡単なチェックの指標として有効です。利用者に口を大きく開けてもらえなくても、話をするために口が開けば口臭の有無がわかります。口臭は口腔乾燥・歯周病・舌苔で強くなります。においが強い場合は口腔清掃不良であると判断し、適切に口腔ケアを行う必要があります。

口臭を評価することの意義

口臭はそのほとんどが口から発生しており、舌苔や歯周病が主な原因です。さらに口腔乾燥やむし歯があり、口腔清掃状態や義歯の清掃が悪いと、においが強くなります。傾眠だったり座位をとらずに寝たきりの状態だったりすると口腔乾燥し口臭がします。また嚥下障害で、唾液の貯留がある場合にも、においがあります。

口臭を評価することは、利用者の口の動きがよいか、ケアがうまくできているかの評価につながります。イラス

口臭レベル 強 　口腔から30cmの位置で口臭を感じる

口臭レベル 中 　口腔から15cmの位置で口臭を感じる

口臭レベル 小 　口元(口腔から0cm)の位置で口臭を感じる

トのように、口腔から30cm、15cm、0cmの位置で口臭を感じるか判定してみましょう。

その他のアセスメントの視点

食事の際に口が開かず、あくびも全くしない場合は、開口障害を疑います。耳の前がへこんでいて（顎関節の部分）下顔面が長くなった、または口が閉じない場合は顎関節がはずれている（顎関節脱臼）可能性があります。

麻痺など身体に支障があると、口腔内にも支障が多くなります。麻痺のある唇は閉じが悪く、頬の動きや感覚が鈍くなるため食物がたまりやすく、その部分の歯肉の発赤や腫脹がみられます。空間無視がある側はみがき残しがちです。このような部位にはむし歯ができやすくなります。p.112を参考にアセスメントしましょう。

歯の周りの歯肉の発赤は、歯周病であることが多いですが、出血、排膿、口内炎の有無を確認し、2週間以上治らない口内炎のような症状は、腫瘍・がんの可能性を考え歯科受診をすすめます。舌にヨーグルトかすのような白苔がある場合や、乳頭が萎縮して舌の表面がつるつるしている場合はカンジダ症が疑われるので、医師または歯科医師へ報告します。

顎関節がはずれて口が閉じられない人

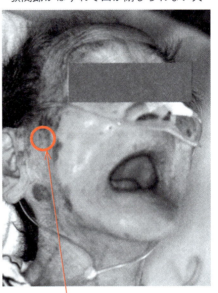

顎関節部分がへこんでいる

基本的な歯のみがき方

歯の歯垢はこすらないと除去できないので基本的に歯ブラシでブラッシングをします。しかし、歯をみがいていても、きれいにみがけているとは限りません。みがき残しやすい部分には歯ブラシを適切にあてて、ポイントブラシや歯間ブラシ、デンタルフロスなども活用してみがくことが大切です。安全にうがいができる人は、歯みがき剤を適切に使いましょう。

 歯垢

　歯の汚れを歯垢といい、その約70％は細菌です。歯垢はバイオフィルムの一種で、歯や義歯などの表面に強固に付着しています。歯の表面は唾液由来のタンパク質（ペリクル）が膜を張っているため、その上に形成されたバイオフィルムは、含嗽や清拭では除去できず、薬剤を使用しても内部まで浸透させることが困難です。そのため、バイオフィルムはブラシでこすり洗いをして機械的に除去する必要があります。

　歯がある限り歯垢は付着するため、たとえ口から食事をしていない人でも歯垢が付着しています。口から食べていないと歯垢の細菌構成が変化し、いわゆる悪玉菌が優勢になり、歯周病の悪化・口臭・誤嚥性肺炎のリスクが高まります。つまり、口から食べていない人ほど歯の清掃・口腔ケアが重要になるのです。

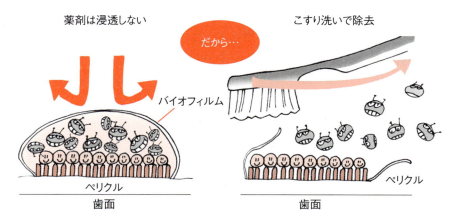

 歯のみがき方

　歯のある人の口腔ケアは、歯ブラシによるブラッシングが基本です。しかし、歯ブラシでみがいていても、しっかりきれいにみがけているとは限りません。みが

き残ししやすい歯の根元寄りは、歯と歯茎の境目にしっかりと歯ブラシをあてます(図5)。歯と歯の間は歯間ブラシやデンタルフロスなどの補助用品を使う必要があります(図6、図7)。

歯ブラシでの効率のよいみがき方は、みがき残しのないように口腔を一方向にぐるりとみがいていくことです(p.37参照)。

歯ブラシは、歯肉の状態によりブラシのかたさを変える必要があります。通常はふつうのかたさでよいのですが、発赤や疼痛があるときは、やややわらかめを選びます。しかし、やわらかすぎる歯ブラシや、毛先が広がった歯ブラシは、歯にブラシがあたらず、みがけていない場合があります(図8)。定期的に交換しているにもかかわらず、歯ブラシの毛先の広がりが早い場合は、ブラッシング圧が強すぎると考えられます。

ポイントブラシは隣の歯が抜けて連続性がなくなった歯や歯肉の下がった歯の根元に用います。みがき残しやすく、ふつうの歯ブラシが入らないところでも、小さいポイントブラシで、歯のすべての面や根元をぐるりとみがきます(図9)。

図5　歯ブラシのあて方

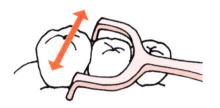

図6　デンタルフロス

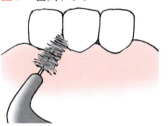

図7　歯間ブラシ

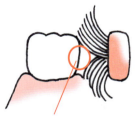

図8　やわらかすぎる歯ブラシ

歯にあたっていない

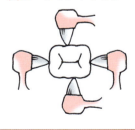

図9　ポイントブラシ

 歯をみがく順番

基本的には、介護者がみがきやすい部分から始めますが、前歯は敏感なため、奥歯からみがき始めるとよいでしょう。介護者がみがく順番を決めておくと、みがき残しなくケアできます。

歯以外の口の粘膜のケア

歯だけでなく、口のなかの唾液や粘膜にもたくさんの細菌がいます。そのため、歯がない人でも口腔ケアをする必要があります。特に舌の汚れは口臭の原因となるので、毎日清掃する習慣をつけましょう。

 ## 粘膜のケアの目的および意義

　粘膜のケアにより、口腔の清潔の保持、舌・頬・歯肉の粘膜や唾液にいる細菌の除去ができます。その他、粘膜に刺激を与えることで口腔機能の維持・賦活化、唾液の分泌の促進、口臭の軽減・予防、爽快感などが期待できます。

 ## 舌苔と舌のケアの必要性

　舌苔には、剥離した口腔粘膜や食べかす、細菌が混じり合っています。食事をしていない人、嚥下調整食を食べている人、舌が麻痺している人、口腔周囲筋の筋力が低下している人などでは、舌粘膜が口蓋や食品や歯などとこすれる刺激が減り、舌の乳頭が長く伸びるために舌苔が厚くなります。また、脱水状態や唾液が少ない、舌の動きが悪い、やわらかいものしか食べないなど、口の機能が低下していると舌苔は増えます。舌苔が増える原因を見つけ、それぞれに対処することが必要です。舌苔は口臭の主な要因なので、舌のケアは口臭予防としても重要です。

 ## 舌のケアの実際

　舌が乾燥している場合は、含嗽（がんそう）や保湿剤で湿らし、舌苔をスポンジブラシや舌ブラシで奥から手前にこすり落とすようにケアします。ケア後は乾燥しないよう保湿剤を塗布し湿潤状態を保ちます。

 ## 舌苔とカンジダ

　高齢者の場合、舌が白いのを「舌苔」と思っていたら「カンジダ」だったということがあります（口絵参照）。舌が異常に白いときや、舌以外の頬粘膜や軟口蓋・咽頭粘膜にも白色の付着物があるときは、医師または歯科医師に報告しましょう。口腔ケアを継続し、抗真菌薬が処方されたら適切に塗布・内服を行います。

舌以外の粘膜のケア（頬粘膜・口蓋粘膜・口唇粘膜）

　頬や口唇の筋力の低下、麻痺により動きが悪くなると口腔前庭部（唇や頬と歯茎の間）に食べかすが残りやすくなります。口腔前庭部、口唇の裏側、頬の裏側、上顎（口蓋）などの粘膜部分は粘膜ブラシやスポンジブラシで奥から手前にこすりながら清拭します。抵抗力の低下した高齢者の口蓋が義歯の形に赤くなっている場合（口絵参照）はカンジダの可能性があり、歯科受診をすすめます。

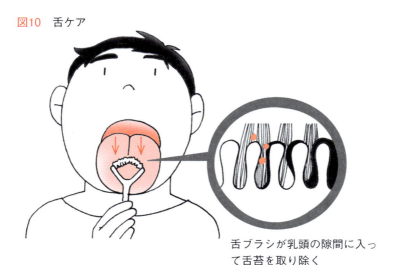

図10　舌ケア

舌ブラシが乳頭の隙間に入って舌苔を取り除く

コラム　口臭のくさい話

　口臭には起床時や空腹時、疲労時などの生理的口臭と、にんにくやたばこなどの飲食物や嗜好品による口臭と、病的な口臭があります。病的な口臭のほとんどが口から生産され、その大半は舌苔、次いで歯周病によるものです。

　口臭の原因物質は揮発性硫化化合物（VSC）です。VSCには、卵が腐ったようなにおいの硫化水素、生臭い魚のはらわたや野菜の腐ったにおいのメチルメルカプタン、いわゆるごみのにおいのジメチルサルファイドの3つがあります。硫化水素やメチルメルカプタンは、青酸ガスに近い毒性があります。VSCは老化・発がんにつながるだけでなく、大気汚染物質の一種で、悪心、不眠、呼吸障害を起こすので、利用者の口臭は介護者にも健康被害を引き起こします。

　最も有効な対策は、口腔ケアの実施です。また、亜鉛の含まれている口臭抑制製品で、揮発している硫化物を減らすことも有効です。

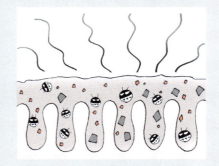

舌苔があつくなり口臭になる

短時間で効果的なケア

高齢者の口腔ケアでは、やわらかめの歯ブラシを使用していることがあるので、その歯ブラシ1本で歯も舌も粘膜もケアすると、時間を短縮することができます。

歯ブラシ1本でケアを行う

　ふつうからやわらかめの歯ブラシを使用して歯をみがき、舌や頬粘膜も軽くこすります。清掃用具が少ない分、時間短縮はできます。しかし、舌粘膜を傷つけないよう、歯をみがくときと舌をケアするときではブラッシング圧を変え、舌は歯をみがく圧の半分程度を目安にします。1日1回は歯間ブラシなども用いて丁寧に時間をかけて清掃し、それ以外はこのような簡略化したケアを取り入れるのもよいでしょう。歯をみがく際は、口唇や頬粘膜を指でよけると、口腔内が見やすくなり、みがきやすくなります。

図11　口唇、頬粘膜のよけ方

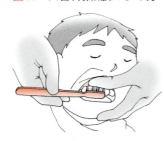
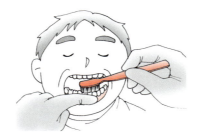

効率よく効果の上がるケアのポイント

　口腔ケアにおける問題がある場合には、いきなりどうすればよいか考えるよりも、どうしてうまくいかないか、問題と思っていることはなぜ解決する必要があるのかを考えると解決しやすくなります。問題となる口腔の状態・病気や障害の程度、自立度、生活習慣、価値観、精神状態などの要因を考慮し、個別的に有効なケアをプラン化します。問題点やケア内容によりグループ分けしておくのもよいでしょう。

口腔ケアにどれくらい時間が必要か考える

　口腔内の状況・セルフケア能力などから所要時間を考えます。例えば次の3つのグループに分ける方法があります。
① 所要時間1分程度のグループ：誤嚥のリスクが少なく自分でケアできているが、みがけたかどうか確認する必要がある
② 所要時間3分程度のグループ：義歯の清掃の仕上げをして、歯間や粘膜の食物残渣を取り除く必要がある
③ 所要時間5分程度のグループ：ほとんど介助でみがく必要があり、水分の誤嚥に気をつける必要がある

図12　歯ブラシで舌をケアする方法

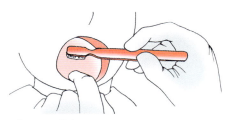

ブラシを横向きにして、圧力は弱めに清掃する

舌が出せる場合は、ガーゼで舌を軽くつまみ、突出させ、歯ブラシを横向きにして清掃する

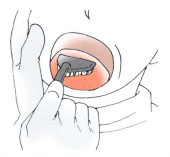

舌が出ない場合や汚れのひどいときは舌ブラシを使用する

困難なケアの対処方法

口腔乾燥への対応

高齢者は「口が粘る」「乾く」と訴えることが多くあります。口が適度に潤っていないと、汚れやすく、食べたり話したりすることにも支障があるため、適切に対応する必要があります。まず口のなかをよく見て乾燥の度合いを評価します。口のなかを見られない場合は、口唇や手のひらなどの乾燥状態から口のなかの乾燥を推測します。乾燥している場合は水分摂取を心がけ脱水を予防します。口腔ケアは、唾液分泌を促す方法を取り入れ、保湿剤を活用します。また開口や口呼吸で口からの水分蒸発が多い場合は、マスクの使用も効果的です。

 口腔乾燥の原因

　口腔乾燥の原因として、唾液分泌の減少、分泌された唾液が口腔内に行き渡りにくい状況、口腔内の水分の過剰な蒸散などがあげられます。多くの場合、単独でなく複数の原因が関与しています(表1)。

表1　口腔乾燥の原因

唾液分泌の減少	・薬剤の副作用 ・糖尿病やシェーグレン症候群などの疾患 ・脱水 ・外傷や放射線療法により唾液腺が傷ついた場合 ・ストレスなど心因性の場合 ・導管の損傷や唾石症、周囲の筋力低下による場合
分泌された唾液が口腔内に行き渡りにくい状況	口腔への刺激の不足や咬筋の廃用、口腔機能低下(寝たきり、重度の認知症、脳血管障害による顔面部の麻痺や咀嚼機能の低下)
口腔内の水分の過剰な蒸散	開口と口呼吸(鼻疾患、意識障害や終末期、挿管、頸部後屈)

 口腔乾燥の評価のポイント

　口のなかを観察し、表2のような状態であれば、口が乾燥していると考えます。

表2　口腔乾燥の評価のポイント

・唾液が粘っている	・唾液が糸を引く
・唾液が泡立っている	・痰や唾液がこびりついている
・泡立った痰のようなものを吐き出している	・口の粘膜がてかてかしている
・舌の乳頭がざらざらしている	・舌がひび割れている　など

口腔乾燥の対応

　口腔乾燥は、適切なケアによってほとんどの症状が改善、軽減されます。水による含嗽や清拭では口腔粘膜は潤わず、またすぐに乾いてしまいます。口からの水分の蒸散の防止と、唾液分泌を促す取り組みと保湿・加湿を行うことがポイントです。

図1　保湿剤の有効性

①通常

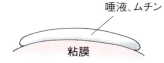

口腔粘膜は、唾液のムチンで覆われ、潤っている

②唾液が少ないと…

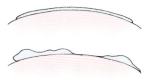

ムチンが少なく、乾いてしまう

③水だけで湿らすと…

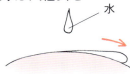

水は流れ去ってしまいやすく、口腔粘膜は潤わない

④保湿剤を使うと…

保湿剤が唾液の代わりとなって口腔粘膜は潤う

口からの水分の蒸発の防止

　開口していると口呼吸となり口の水分が蒸散し、口は渇きやすく汚れやすくなります。さらにその奥の咽頭も乾燥し汚れやすくなります。就寝時や安静時に開口している人への対応としては、仰臥位を長時間とらず、側臥位や可能な場合は腹臥位など体位の工夫をします。また、頸部後屈・開口を防ぐために枕の高さを調整します。日中は可能な限り寝かせきりにしないで、車いすや座位を心がけ、覚醒を促しましょう。

唾液分泌を促す取り組み

　覚醒を促し、口腔周囲筋を動かし、口腔粘膜を刺激します。高齢者の場合、食事中は唾液が分泌されていても、安静時の唾液分泌量は低下して、粘稠となりがちです。水分摂取に努め脱水を予防し、さらに、安静時の口腔ケアやおしゃべり、歌を歌う、朗読、早口言葉などのレクリエーション、口や舌の体操（嚥下体操）、唾液腺・口腔周囲筋・表情筋のマッサージや運動を生活リズムに組み込み、実施すると効果的です。可能な人にはシュガーレスのガムやタブレット、アメなどを口にしてもらってもよいでしょう。

保湿・加湿

　市販の保湿剤を上手に使用しましょう。特に就寝前に口腔内に塗布すると効果的です。日中使用するときは口腔粘膜全体と義歯にも塗布します。頻回に保湿剤を塗布しても口腔乾燥が改善しない場合は、全身状態や脱水について検討します。更衣やバイタルチェックのときに手のひらの乾燥を確認し、適切な水分摂取を促します。保湿剤を塗布したところがそのまま乾燥している場合は、塗布する量が多すぎる、均一に薄く塗布できていない、塗布前後の口腔ケアが不十分、といった原因が考えられます。保湿剤を塗る前には必ず前回塗布した保湿剤とその下にある剥離上皮を除去してから、つまり口腔ケアをしてから塗布するようにします。前回の保湿剤を除去せずにどんどん塗り重ねていくことは、粘膜上皮の汚れ（あか）がそのままになるので汚いばかりでなく、前回の保湿剤がカバーとなって、保湿剤の成分が粘膜に吸収されないため不適切です。

　ケアが自立していてうがいができ、誤嚥の危険がない人の場合は、洗口液でうがいする、保湿スプレーを使うのも効果があります。うがいができない人や誤嚥リスクがある人の場合は、主に保湿ジェルを使います。

　加湿目的の吸入薬が処方されている人は、口腔と咽頭部に確実に吸入薬が届くようにします。

図2　ジェルの塗り方

> **ポイント**
> スポンジブラシに保湿剤をつけても、スポンジ内に入り込んでしまい粘膜にうまく塗布できません。清潔なグローブをして、指で薄く塗布しましょう。

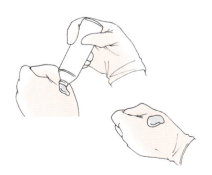

①手背に保湿剤を1cm程度出す　　②適量を指にとる　　③口唇から順に保湿する

図3　保湿スプレーの使い方

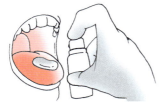

歯にかからないように口のなかにスプレーする

図4　義歯への保湿ジェルの塗布

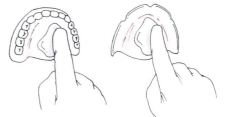

義歯の表と裏の両面に薄く塗布する

📢 口腔乾燥が著しく痰などの付着物が多い場合の対応

　保湿・加湿をしっかり行い、清掃方法を工夫します。口腔粘膜・歯肉の付着物には、保湿剤を塗布し時間をおいてやわらかくした後、歯の付着物はブラッシングでこすり取り、粘膜の付着物は粘膜ブラシや舌ブラシ、スポンジブラシなどで除去します。除去後には保湿剤を塗布して再乾燥・再付着を防ぎます。

　また、のど元がゴロゴロしていなくても乾燥のために痰が吸引・喀出できないことがあります。口腔乾燥があり口腔内に痰が付着している場合は、咽頭も乾燥していると推察されるため、口腔と咽頭のケアを行うことが必要です。軟化した痰や付着物を除去するためには、吸引器を用意します（p.88参照）。

コラム　唾液のはたらき・役目

　唾液には食べ物の消化を助け、口のなかの細菌の繁殖を抑え（抗菌作用）、粘膜を保護するはたらきがあります。唾液が少ないと口の粘膜を保護できず、粘膜が薄く弱く（萎縮・脆弱）、傷つきやすくなります。すると、口内炎や潰瘍ができやすく治りにくくなります。そのため、感染しやすくなり、カンジダ性口内炎や、過敏症状が出ることがあります。

　唾液による口の洗い流し作用が減ると（自浄作用の低下）、口は汚くなり、剥離上皮の堆積、舌苔の増加、口臭が悪化します。また唾液が少ないと味を感じにくくなり、唾液の抗菌作用等が低下し歯周病が悪化します。再石灰化作用も低下するのでむし歯が発生、進行しやすくなります。

　唾液は口の動きの潤滑剤なので、少なくなると口の運動が妨げられ、話しにくく（構音障害）、かみにくく（咀嚼障害）なります。食べ物と唾液を混ぜることができないと、口のなかの物を飲み込みにくく、口に食べ物が残りやすく、のどに残る感じ（嚥下障害）を訴えます。

口を開けてくれない人への対応

口腔ケアを行うとき、利用者の開口の協力がないと大変です。利用者がケアを拒否する場合は、その原因を探り、対応しましょう。いろいろなアプローチで無理せずできるところから実施し、できたことを次につなげ、利用者に徐々に慣れてもらうようにします。利用者だけでなく介助する側も慣れていくようにすることが大切です。

 過敏がある人への対応

口から食べていない、何らかの理由で適切に口腔ケアを受けていない人の場合は、他人にさわられることを嫌がったり、過緊張や過敏が起こりやすいようです。どのような場面でも声かけをし、これから行うことを説明します。日頃からなじみの関係を築き、口にさわられることに慣れてもらいましょう。利用者の顔にさわるときはやさしくしっかりさわり、慣れてもらう行為（脱感作）を行います。脱感作は、介護者は過敏な部分から遠くて受け入れのよいところから触れていきます。例えば、手を握る、肩をさわる（他の場面で肩もみなども）、首すじをさわる（首を絞められると勘違いされないように）などです。脱感作は、口腔ケアの直前でなく、それ以前に2〜3分かけてゆっくり行うとよいでしょう。嫌がっているのにさわられた直後に口腔ケアを行うと、口腔ケアも嫌がられてしまう可能性があります。1か月程度経過すると拒否が減ってくるようなので、両頬に手のひらをあて、顔を包み込むようにして口唇にさわる、口角から指を入れて頬の内側をさわる、歯茎をさわる、歯ブラシを入れて歯にあてる、歯みがきをするの順で慣れてもらうようにします。

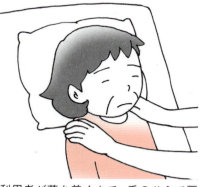

図5　過敏への対応

利用者が落ち着くまで、手のひらで肩にしっかり触れる

顎の関節や首や口まわりの筋肉がかたい人への対応

　顎の関節や首や口まわりの筋肉がかたい人の場合は、生活のなかに首のストレッチ、顎や口腔周囲のマッサージを取り入れたり、口腔ケア前にホットタオルを使用して、リラクゼーションを図ります。

心理的拒否や理解が得られにくい人への対応

　口腔ケアには、利用者側の口腔内を見られたくない、恥ずかしい、においがあるのではないか心配、何をされるか心配、信頼していないなどといった心理的拒否や、認知症・意識障害・傾眠などによる理解不良などで開口協力が得られにくいことがあります。一方、介護者の側でも、変調しやすい利用者の気分やタイミングがつかめない場合があります。対応の基本は、利用者が会話することが困難でも、すべての利用者に声かけを行うことです。説明は簡単にわかりやすく、話すときの声の調子や雰囲気にも配慮しましょう。ケア中の相手の表情を観察し、不快な反応がないか、歯ブラシは心地よいものか、息苦しくないかなどに注意し、受け入れられやすいケアを提供するように行います。

　利用者への声かけには、禁止語や、強い指示的な言葉、せかす言葉、待たせる言葉などは、相手を不快にさせたり、介護拒否や粗暴行為を招くこともあるので避けましょう。

　口腔ケアで痛い思いをした経験があったり、介護者との信頼関係が築けなかったりしている人の場合は、介護者の変更を検討します。

口のなかに痛みがある、口腔ケア用品の状態が不適切な場合

　口のなかにむし歯や歯周病で痛みやぐらぐらした歯がある場合、また、歯肉や口腔粘膜が腫れていたり口内炎がある場合は、歯科に診察を依頼しましょう。また、歯ブラシが大きすぎたり、ブラシの毛がかたすぎたり、ブラシの毛が広がっていたりするときは、歯肉を傷つけることもあるので、利用者の状態にあったものを使い、適切なタイミングで交換します。

どうしてもみがかなくてはならないとき

　口腔清掃状態が劣悪な場合、時には強制的に口腔ケアを行わざるを得ないこともありますが、介護職が行うのは困難です。無理せず歯科と連携し専門的口腔ケアの導入を検討しましょう。

開口やその保持が難しい人への対応

重度の関節リウマチや顎関節拘縮により、口を大きく開けられなくなったり、開け続けていることができなくなったりします。無理のない程度に口を開けてもらい、開口補助具を使用しましょう。また、口腔ケア用品は小さいものを活用します。開口保持の難しい理由が廃用によるものであれば開口訓練をする場合があります。

 開口補助具を使用する

口唇の緊張があるときは、口唇や頬を左右に無理なく広げる開口補助具を用いてケアを実施します。上下にかみあう奥歯があり、短時間なら開口できる場合は、上下のかみあう歯の間に開口補助具を挿入し、かませます。前歯部に開口補助具を挿入すると歯が抜けたり折れたりしやすいのでやめましょう。奥歯がない場合は、粘膜にあてても痛くない開口補助具を使用します（図6）。

図6　開口補助具の選び方

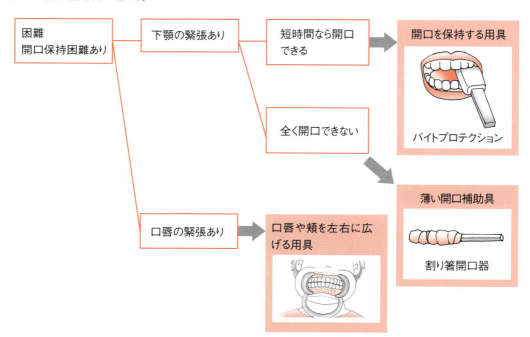

小さい口腔清掃用品を使用する

　開口を保持する用具を使用し、小さい口腔清掃用品、例えばヘッドの小さい歯ブラシ、ポイントブラシ、歯間ブラシ、Sサイズのスポンジブラシなどを使います。1回のケアを長時間行うより、何回かに分けて短時間ずつ行うことも検討しましょう。

廃用によると考えられる場合

　身体を動かしていないと筋肉の伸びや動きが悪くなるのと同様に、長期間にわたる経口摂取制限、脳梗塞等の後遺症による構音不良や会話等の減少などで、口腔機能の低下、口腔周囲筋の筋力低下や、廃用萎縮、顎関節の可動域の制限があり、口の開け閉めが難しくなることがあります。口腔外(顔面皮膚側)および口腔内(口腔粘膜)からのマッサージをしましょう。また、歯科受診して手指や専用の道具を使った開口訓練を行い、少しずつ開口量を増やします。

コラム　用具なしで開口を促す方法

　利用者の口角から保湿ジェルを塗った指を入れて、頬をふくらますようにマッサージして口唇と頬の緊張をとります。そうすることで、ふくらんだ頬から歯や歯肉の様子を観察することができます。また、ポイントブラシやスポンジブラシでできる範囲でいいのでケアをしてください。そのうちに、ほとんどの利用者はかみしめているのをやめて顎の緊張がゆるみ、少しずつ口を開けてくれるようになります。

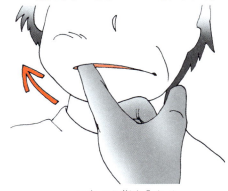

開口しないときの口への指の入れ方

口角から指を入れる

ブクブクうがいができない人への対応

口腔ケアにより歯や粘膜からはがれた細菌は、口腔内に拡散してしまいます。そのため、ブクブクうがいで細菌を口腔外に排除する必要があります。ブクブクうがいができない人の場合、水分の誤嚥リスクがない人や低い人はお茶や水を飲んだり介助でうがいを実施します。誤嚥のリスクが高い人や水を含むことができない人は、吸引器を用意して洗浄するか、水を使わない方法でケアします。

 うがいの必要性

口腔ケアで行うべきうがいは、口の奥・のど元で行う「ガラガラうがい」ではなく、口唇や頬を動かして口腔内をすすぐための「ブクブクうがい」です。

しかし、利用者のなかには認知症や嚥下障害、脳卒中後遺症の高次脳機能障害(失行等)や顔面(口唇や頬)の麻痺などによりうがいができない人もいます。そのような人には、介助して行うか、またはうがいをせずに洗浄し吸引を実施します。

 うがいができるかどうかの判断

うがいができる条件には、意識がはっきりしている、唇が閉じられる、頬・舌を指示に従って動かせる、口のなかの唾液や水を吐き出すことができるなどがあります。実際にうがいの前に確認して誤嚥の危険性を減らしましょう。

 誤嚥のリスクがない、ブクブクできるが吐き出せない場合

うがいの水を飲んでしまう場合や、失行でうがいの仕方がわからない場合は、鏡の前で自分の姿を見せながら促す、介護者がうがいをする場面をまねしてもら

うなど工夫します。誤嚥のリスクがなく口に含むことはできても、吐き出せない場合は、前屈姿勢にして口角を広げて排出を促します。歯みがき剤を使用せずに口腔ケアを行い、水やお茶を飲んでもらうことでうがいに代えることもあります。

 口唇を閉鎖できない、ブクブクできない場合

顔面神経麻痺で口唇が麻痺して閉じにくい場合は、自分でまたは介助で、指で唇を挟み込むようにして口唇を閉じさせます。ブクブクする頬の動きがない場合は水を口に含んだまま頭部を前屈気味にして顔を左右横向きにして水を動かすことでブクブクうがいに代え、やや前傾姿勢をとらせ吐き出すことを促します。口を開けたまま洗い流す方法としては顔は左右どちらかに傾けさせ、介護者が水差しで口のなかに少し水を入れ、口唇を下げ、水がガーグルベースンに流れ落ちるようにすることを繰り返してすすぎます。

介助で洗い流す方法

 誤嚥のリスクが高い、寝たきり、介助でも口唇閉鎖ができない場合

口腔ケアではがれ落ちた細菌を回収するにはスポンジブラシや口腔ケア用清拭シートなどで何度も拭き取ります。

また、座位でのケアは避け、側臥位または仰臥位で顔を横に向け下顎は引き気味にし、ガーグルベースンなどの容器を顔にぴったりつけて、排出を促します。より安全に実施するためには、吸引器を用意して常に水分や唾液を吸い取りながら口腔ケアを実施します（p.88参照）。

口腔内の水分や汚れを拭き取る場合

指に口腔ケア用清拭シートなどを巻きつけ、口のなかをぬぐう

出血時の対応

口腔の出血は唾液に混じると多く見えますが、よく観察して出血部位を確認して対応することが大切です。口腔ケアの際にみられる出血は、歯周病による歯肉からの出血がほとんどです。また、口腔乾燥しているために粘膜が脆弱になって、機械的刺激（ブラッシングや吸引など）に弱く出血しやすい状態となっていることも多くみられます。刺激しなくても口腔粘膜から出血しているときは主治医に連絡しましょう。

 口腔ケア時における口腔内の出血への対処方法

まずは、出血がどのようなときにどこから起きているか確認します。以下の4つに分けて考えるとわかりやすいでしょう。

	出血部位	
	歯肉	歯肉以外
刺激あり	① 刺激したときに歯肉から出血する	③ 刺激したときに歯肉以外の粘膜から出血する
刺激なし	② 何も刺激しなくても歯肉から出血する	④ 刺激しなくても歯肉以外の粘膜から出血する

①刺激したときに歯肉から出血する場合

ほとんどの場合は歯周病が原因の出血であり、丁寧なブラッシングを行うことが治療であり、ケアとなります。出血をおそれ、歯みがきを中止することは、歯垢中の歯周病菌の増加を招き、炎症はさらに悪化し、歯肉出血が続いてしまいます。口腔ケアを励行します。

②何も刺激しなくても歯肉から出血する場合

全身の病気を疑い主治医に報告し、指示に従います。必要に応じて血液検査を実施しますが、血小板の数値によっては、通常の口腔ケアが可能なことがあります。

③刺激したときに歯肉以外の粘膜から出血する場合

傷があり出血する場合は、安静にして機械的清掃の回数を減らします。明らかに口内炎や潰瘍がある場合は、歯や義歯が強くあたっていないか確かめ、必要に応じて歯科を受診します。粘膜ケアとしてのブラシは使用せず、含嗽（がんそう）を主体とするケアに変更し、セルフケアで傷つけやすい場合は、介助でのケアに変更します。

④刺激しなくても歯肉以外の粘膜から出血する場合

　全身の病気を疑い主治医に報告し、必要に応じ血液検査の確認を行います。口腔乾燥するとより出血するので保湿を心がけます。

 出血時のケアのポイント

出血時は、以下の点に注意しましょう。

- 粘膜は強くこすらず、ジェル状保湿剤を頻回に塗布し乾燥を防ぐ。
- 出血している部位は、圧迫止血が基本だが、乾いたガーゼやティッシュペーパーをあてると、はがすときに再出血するため、ワセリンやジェル状保湿剤を塗布し、はりつかないようにする。
- 粘膜からの出血が多い場合は、機械的ケアの回数を減らし、保湿回数を増やす。
- 粘膜や粘膜に接触するすべての物、歯や義歯、ケア用具にも保湿剤を塗布する。
- 歯の汚れをきれいに除去する。
- 出血部位にできた痂皮や付着物は一度に取りきろうとしない。
- 鋭利な用具の使用を控える。

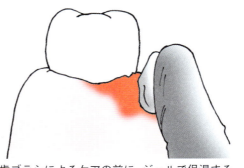
歯ブラシによるケアの前に、ジェルで保湿する

 薬剤との関係

　ワーファリンは循環器系の抗凝固療法薬ですが、アスピリン抗血小板療法薬なども含めた抗血栓療法のうちの1つです。血液を固まりにくくする作用（血液凝固阻止作用）があるため、肺塞栓症・静脈塞栓症・心筋梗塞症・脳血栓症などの血栓や塞栓症の予防と治療に用います。副作用としては、出血しやすくなり、一度出血すると止まりにくくなる傾向があります。口腔ケアの際には、乱暴に歯をみがいて歯肉から出血させないようにしましょう。歯をみがくたびに出血する場合、医師に相談し、検査の後、薬剤の量を調節できることがあります。必要に応じて歯科受診を検討します。

義歯ケアの実際

義歯のみがき方

「菌の貯蔵庫」といわれるほど、義歯には多くの菌や微生物が付着しています。それらはデンチャープラークといわれ、義歯の表面だけでなく内面にまで入り込んでいることがあります。義歯は基本的に毎食後に義歯ブラシを用い、流水下で清掃します。就寝前には、水に義歯洗浄剤を入れて保管するとよいでしょう。さらに翌朝、再度義歯ブラシで清掃、洗浄してから装着しましょう。

使用物品

義歯は、歯ブラシでも清掃することができますが、歯ブラシでは清掃効果が劣り、毛束が短期間で開きます。義歯ブラシは、持ち手が太く握りやすく、ブラシは歯ブラシより太くかたいため、きれいに清掃できます。

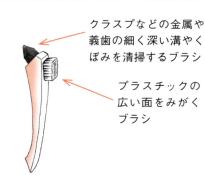

クラスプなどの金属や義歯の細く深い溝やくぼみを清掃するブラシ

プラスチックの広い面をみがくブラシ

義歯清掃のポイント

図1に示すように、義歯の清掃は、原則として①就寝前、②就寝中、③起床時という3ステップで行います。毎食後は通常の口腔ケアとして義歯の清掃をします。

図1　義歯の清掃3ステップ

①就寝前

洗面台で落としたときにも義歯を破損させないように洗面器に水を張る。または、手のひらにしっかり握る。清掃する人はエプロンやグローブをして、水がはねないよう、流水下または水のなかで、義歯ブラシでこする。歯茎にあたる部分と、ばねの内側や歯石のたまりやすい歯茎の部分もよくこする。

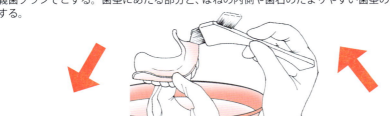

②就寝中

少なくとも週に1回、できれば毎日義歯洗浄剤につけておくと汚れが浮いて取れやすくなる。

③起床時

義歯を装着する前に、就寝前と同様に清掃する。

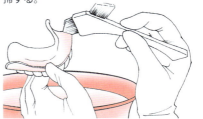

義歯の保管に関する注意

　歯肉を休ませ、誤飲を防止するために就寝時は義歯をはずすことが原則です。はずした義歯は、変形を防ぐため水の入った義歯専用保管容器に入れます。ティッシュペーパーなどに包んで置いておくと、乾燥し変形するばかりでなく、ごみと間違われて捨てられることがあります。

　義歯をつけておく水は、放置しておくと腐敗したりかびが増殖したりして不潔になるため、毎日交換します。使用する水は、常温の水道水で十分ですが、義歯洗浄剤を使用するとさらに衛生的です。義歯洗浄剤は、誤食・誤飲のおそれがある場合は、手の届かない場所に保管します。

義歯をはずしてくれない認知症の人の対応

　認知症の人は、義歯を装着していることを忘れて、はずしてくれないことがあります。根気よく説明してタイミングよくはずしましょう。どうしてもはずせない場合は、装着したまま歯みがきをします。口の清掃に慣れ、義歯が入っていることを意識できれば、はずすきっかけになるでしょう。また、ほかの義歯使用者が清掃する様子を見てもらうと、模倣してはずすことがあります。

義歯の適合の見方

義歯は、さまざまな要因で変形します。また、歯や顎、歯肉も変化していくので、適合状態も変わっていきます。装着している義歯が、口を開ける、話をする、食べるなど口を動かしたときに浮いたりはずれたりする場合や、いつも義歯の粘膜面が汚れている場合は、義歯がよく合っていないことが考えられます。

 義歯使用者の口腔と義歯の変化

　口の大きさはもちろん、欠損歯の本数や部位は人によってさまざまであり、義歯の大きさや形も千差万別です。義歯はひびが入ったり、割れたり、変形したりします。クラスプも金属が摩耗したり、変形したり、ゆるんだり、折れたり、はずれたりします。

　顎骨も変化するため、義歯適合が悪くなります。高齢者は、体調不良により体重が減り、歯肉がやせ、口腔乾燥が進むと、適合が悪くなります。さらに、残存歯にもむし歯や歯周病の進行による動揺・移動・脱落・破折等が起こります。義歯は長期間装着せず適切に保管されていないと、乾燥により義歯が変形します。また、義歯が入らない、はずれやすいなどの問題が起こり、それまで使用していた義歯が使用できなくなります。そのため、介護者は義歯の観察、評価と適切な義歯取り扱いに慣れておく必要があります。

図2　年齢に伴う顎の骨の変化

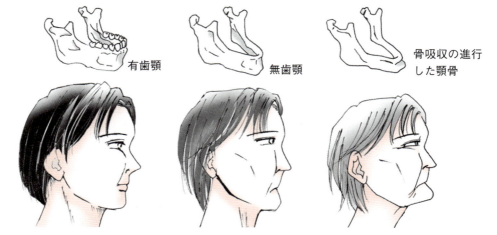

口腔内と義歯の観察評価

　歯がないのに義歯を使っていない高齢者や、義歯を使っていても合っていない高齢者は、数多くいます。

　義歯や義歯の部品の誤飲を防ぎ、義歯トラブルを回避するためには、初回介入時に必ず口腔内と義歯の観察評価を行い、義歯の大きさ・部位・形・写真等を記録に残しましょう。義歯が合っているかわからない場合は、着脱して適合を確認します。適切な着脱方法を実施しなくてもはずれてしまう義歯は、合っていないと考えます。合っていない義歯は、誤嚥・誤飲のリスクがあるので歯科受診を促します。

 総義歯の適合・吸着

　上顎の総義歯はぬれたコップが2つ重なると引きはがしにくいのと同様に、床の部分が唾液を介して上顎粘膜に吸着しています。口腔乾燥して唾液が少なく吸着しない場合は、保湿剤を義歯内面に塗布して唾液の代用とします。下顎の総義歯は、上顎に比べて顎堤が低く、下顎粘膜との接触面積が少ないうえに、口唇・頬・舌が動くので、上顎に比べて吸着が困難なことが多くあります。それ以外にも食事など下顎運動が始まるとすぐに浮き上がってはずれてしまうときは、歯科受診して適合調整しますが、それにも限界があり、義歯安定剤が必要になる場合があります。

 部分床義歯の適合・維持

　部分床義歯はクラスプにより維持されています。クラスプは欠損歯と隣接した歯にかかっています。クラスプは弾力性のある金属でできていますが、長期間使用しているうちに、破折や脱落等が起こります。また、クラスプのかかる歯は汚れやすくむし歯や歯周病になりやすいため、義歯の取りはずしの際に、力をかけすぎると歯が抜けてしまうことがあります。クラスプのかかっている歯はよくみがくこと、部分床義歯の着脱は丁寧に行いましょう。

義歯着脱の方法

複数の義歯がある場合、3つの原則に従って装着します。3つの原則とは、①上から入れる、②大きいものから入れる、③安定しているものから入れる、です。はずすときは、①下からはずす、②小さいものからはずす、③不安定なものからはずす、の3原則に従ってはずします。上と下の総義歯がある場合は、通常、上からつけて下からはずします。

 ## 総義歯のはずし方

　総義歯の上顎は、前歯部分を親指と人差し指で挟むように持ち、上に持ち上げると、義歯の後ろからはずれてきます。下顎は、前歯部分に親指と人差し指の指先をあてて引き上げ、下にかたむけるようにすると、義歯のうしろからはずれてきます。少し回転させると、口から取り出しやすくなります。

図3　上顎義歯のはずし方

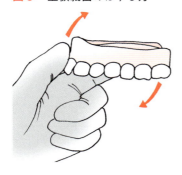 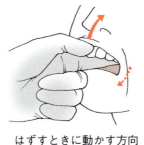 

　　　　　　　　　　　　　はずすときに動かす方向　　　回転させる

図4　下顎義歯のはずし方

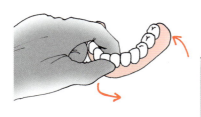 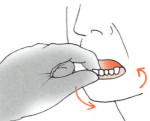 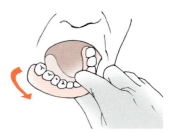

総義歯のつけ方

　上顎および下顎の義歯は、前歯の部分を持ち、口に対して横に構え、やや口を閉じ気味にし、回転させるように口に入れ、正中を唇の真ん中の位置に合わせ装着します。

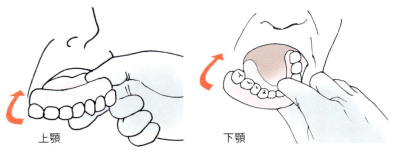

上顎　　　　　　　　　　下顎

 部分床義歯のはずし方

　クラスプのかかっている歯冠に指をあて、歯が動かないように固定してからクラスプに指をかけて歯冠方向に押し上げ、または押し下げることでクラスプをはずし、義歯をはずします。部分床義歯ではクラスプの設定・方向を無視して着脱すると歯の動揺（ぐらつき）・疼痛（痛み）・脱臼（抜ける）等が起こるので注意が必要です。

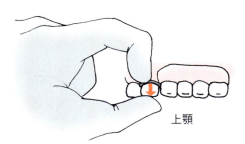
上顎

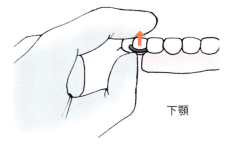
下顎

部分床義歯のつけ方

　義歯を回転させながら口腔内に挿入し、人工歯を欠損部位に合わせ、クラスプを歯に合わせて指で押します。義歯が歯茎におさまる前にかませてはいけません。装着後に口唇や頬の粘膜をクラスプや義歯床に巻き込んでいないか、クラスプが歯にきちんとおさまっているか確認します。

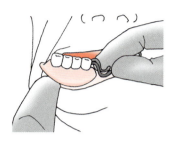  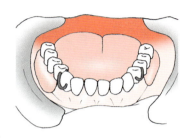

 ## 口を開けてくれない人の義歯のはずし方

　利用者に義歯ケースを見せたり、手を出したりして「入れ歯をここにおいてください」と言ってみましょう。義歯をつけたままうがいをしたり、歯ブラシを挿入して歯や義歯をみがいたりしているうちに、口がゆるんで開くことがあるので、そのタイミングで取り出します。頬や顎を動かしていると義歯が浮いてきて、利用者が舌で押し出すこともあります。

粘膜ブラシで内側から頬粘膜をふくらませる

頬がゆるんだら、下顎を下げて開口を促す

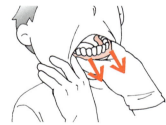

下顎を下げたまま義歯をはずす

 ## 口を開けてくれない人の義歯のつけ方

　洗面所で、義歯ケースから取り出して洗うところを見せます。義歯に名前が入れてあるなら「○○さんの入れ歯ですね」と声かけします。義歯を手のひらにのせて差し出して「どうぞ」と言うとスムーズに受け取り、装着してくれることもあります。

義歯の渡し方

　介護者が洗った義歯を利用者に渡して利用者自身で義歯を装着する場合は、義歯を口から出したときと同じ方向にして手渡すと入れやすくなります。

 義歯を使用している人の口腔ケア時の観察

　口のなかを見る前に、寝たきりか、食事のときにどのような姿勢か、顔面口腔周囲筋の萎縮や麻痺はないか、顎関節の脱臼はないか、義歯はあるのかを確認します。義歯がある場合には、保管容器や清掃用具および義歯使用状況を確認します。

 義歯をはずす前の観察事項

　義歯が入っている状態のまま顎の不随意運動がないか、義歯が浮いていないか、ゆるくないかを確認します。また、利用者に歯や粘膜の痛みや義歯の痛みがないか、よくかめているか、義歯ははずれやすいかを尋ねます。さらに、義歯をはずすときに吸い付きがよくて抵抗がある（吸着が強い）か、容易にはずれやすい（吸着が弱い）かを指で感じ確認します。

 義歯をはずした後の観察事項

　義歯をはずした後の歯と粘膜、はずした義歯をよく観察し、残っている歯の位置と状態、特に歯の動揺（ぐらつき）を確認します。また、義歯の汚れや食物残渣の有無、義歯安定剤の使用の有無を把握します。口腔内粘膜の異常（発赤・腫脹・潰瘍等）の有無と清掃状態、食物残渣や薬、義歯安定剤の粘膜上の残留などを確認し、適宜歯科との連携や受診を検討します。必要に応じて口腔ケアの方法を見直します。

義歯安定剤使用時のケア方法とポイント

義歯安定剤は、基本的に適合している義歯の密着感を高め、安定感を増して、咀嚼力の向上や歯茎と義歯の間に食べ物が入り込むのを防ぐために用います。または義歯トラブル時に歯科受診できない場合の一時的緊急処置として使います。適合が悪く十分にかむことができない、人工歯がすり減りかみ合わせが悪い、骨吸収や粘膜萎縮で歯茎との適合が悪い、破損しているなどの状態が認められたときには歯科受診をすすめます。義歯安定剤は大量につけすぎず、また、はずしたら除去して義歯をきれいにします。

 義歯安定剤の種類

　義歯安定剤には、粘着タイプと密着タイプがあります。粘着タイプは、クリームタイプ、粉末タイプ、シートタイプに分けられます。

クリームタイプ
　食べかすなどの侵入による歯茎の痛みがあるときや、義歯がガタガタしたりあたって痛いときに用います。このタイプは、唾液などの水分を含んでクッションとのりの役割を果たします。

粉末タイプ
　義歯がガタガタするときに用います。唾液量が少ない人向きです。義歯を少し湿らせて粉を振りかけるとのりの役割を果たします。そのため、水が必要となります。

シートタイプ
　義歯があたって痛いときに用います。クッションの役割を果たします。携帯に便利ですが、水とはさみが必要となります。

密着タイプ
　義歯があたって痛いとき、痛い範囲が広いときに用います。また、義歯と歯茎の隙間を埋めるときに用います。痛みが緩和されて義歯も安定しますが、厚みと

連続使用によりかみ合わせがずれ、顎の骨の吸収・顎関節の異常が起こったり、材質が悪化して粘膜炎になることがあります。

種類	特徴	つけ方
クリームタイプ	出しやすく義歯の上で伸びやすい。義歯についたクリームは、流水下で歯ブラシか指で容易に除去できる。口腔内に付着したクリームは、ぬるま湯を含ませたガーゼで拭い取る。レジン床と金属床の両方に使える。	
粉末タイプ	薄く均一に広がり違和感が少ない。除去が容易だが、唾液に流されやすい。義歯についた粉末は、流水下で歯ブラシか指で除去できる。口のなかのものも取れやすい。レジン床と金属床の両方に使用できる。	
シートタイプ	均一には広がらないため、かみ合わせのずれが生じやすくなる。義歯から取れやすく口のなかのものも取れやすい。レジン床と金属床の両方に使用できる。	
密着タイプ	義歯が歯茎にあたる痛みを緩和し、義歯が安定する。粘着タイプに比べてべたつかず、2、3日使用できる。義歯から取れにくく、指で丸めるようにしてはがし、口のなかにも残りにくい。金属床には使用できない。	

義歯安定剤により起こり得る悪影響とケア

　一般に義歯安定剤は、義歯不適合が進んでいるときに使用します。しかし、義歯安定剤を大量に使用すると、歯や歯茎にかかる圧力が不均等になり、大きな圧力のかかる部分の顎の骨の吸収が進み、さらに義歯が不適合になるといった悪循環をきたします。

　義歯安定剤は、義歯や歯茎に粘着しているため、除去しにくく、また高齢者ではきれいに除去できないことがあります。そのため、口腔内や義歯に安定剤が付着し不潔になりやすく、粘膜炎が発症することもあります。また、安定剤の一部が誤嚥・誤飲の原因になることもあります。そのため、義歯清掃時には、義歯に付着している安定剤と歯茎に付着している安定剤をすべて除去する必要があります。

介護職が行う口腔ケア

現場におけるアセスメントの実際（ICFの考え方）

口腔ケアを実施する場合も、介護を行うときと同様にICF（国際生活機能分類）を用いて情報を収集・整理して利用者の全体像を把握します。そして、利用者が抱える課題を導き出し、それを解決し生活の質を向上できるように支援していきます。

 ### 目に見えない情報を集める

口腔ケアの第一歩は、情報の収集にあります。つまり、誰（何）からどのように収集するかが鍵を握ることになります。集めた情報の量と質が、その後の口腔ケアがスムーズに進むかを大きく左右します。

情報とは、利用者の身体状況のみを指すのではありません。問題がないように見えても身体的・精神的な不安を抱えている利用者もいるので、見えない情報を集めることが大切です。また、その人ならではの今までの暮らし方や環境、考え方などについても情報収集する必要があります。

とりわけ、口腔ケアは今までの生活習慣との関連性があるため、しっかり情報収集することが大切です。目に見えない情報を集めてこそ、適切なアセスメントができるのです。

今までの暮らし方（歯みがき習慣）

社会的・文化的・経済的・人的視点

口腔ケアとICF

　利用者の全体像を全人的に把握するためには、ICF（国際生活機能分類）に基づく視点が重要となります。ICFは人間が生活するうえで使用しているすべての機能を「生活機能」と位置づけ、「心身機能・身体構造」「活動」「参加」の3つのレベルで構成されています。これに対して「障害」を生活機能の低下として広くとらえ、「機能障害」「活動制限」「参加制約」の3つのレベルを設定しています。これは、利用者は誇りをもって主体的に生きようとする存在であり、その能力を備えた人として全体的に人間を理解しようとする考え方です。

　このICFの概念においても環境因子や個人因子を踏まえて生活支援が行われることが理解されるように、口腔ケアは、社会的、文化的、経済的、人的等のさまざまな構成要素からなる複合的、総合的な側面と、きわめて個人的、個別的な側面をもっています。この個別性を理解し、ケアを実践しましょう。

 事例をもとにICFの考え方を理解しよう

事例 Aさん（85歳、女性）は、特別養護老人ホームに入居して3年目である。脳梗塞後遺症による軽度の右上下肢麻痺があるが、座位は安定している。

　Aさんの家族によると、Aさんは昔から社交的で、地域に友人が多かった。きれい好きな性格で、自宅内は常に整理整頓されており、身なりもきれいにしていたという。

　現在のAさんは、歯の欠損があるため部分床義歯を使用しており、毎食後に歯みがきをしているが口臭がある。

本人もそれを気にして日中は居室で過ごすことが多く、ほかの入居者との交流は少ない。介護者がレクリエーションに誘っても「参加したくない」と答えるものの、後ろで見ていることがある。最近、食事を残していることが多いため、介護者が声をかけたところ、「義歯が汚れるから…」と答えた。食後の歯みがきは、介護者のはたらきかけがあれば、時間はかかるが1人で行うことができる。

情報を整理する

　事例から収集した情報をICFの項目に当てはめて整理します。

図1　ICFの項目に当てはめて考える

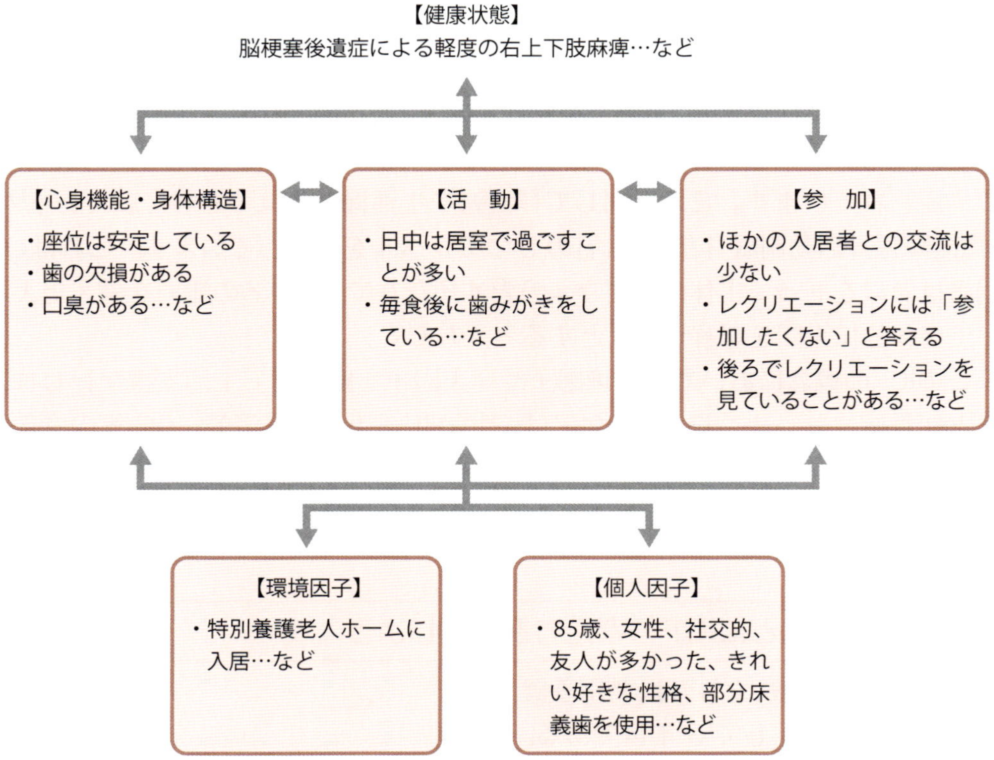

【健康状態】
脳梗塞後遺症による軽度の右上下肢麻痺…など

【心身機能・身体構造】
・座位は安定している
・歯の欠損がある
・口臭がある…など

【活動】
・日中は居室で過ごすことが多い
・毎食後に歯みがきをしている…など

【参加】
・ほかの入居者との交流は少ない
・レクリエーションには「参加したくない」と答える
・後ろでレクリエーションを見ていることがある…など

【環境因子】
・特別養護老人ホームに入居…など

【個人因子】
・85歳、女性、社交的、友人が多かった、きれい好きな性格、部分床義歯を使用…など

　このように整理することで、それぞれの項目の情報量を視覚的に整理することができます。足りない情報があれば、積極的に収集しましょう。

情報を分析する

　情報が整理できると、それぞれの関係性がみえてきます。集めた情報を解釈し、関連づけ、統合化することで、「もしかしたらAさんは、こう思っているのでは…」と考えられる点が出てきます。

> もしかしたらAさんは…
> ・口臭をなくして、ほかの入居者と交流したいと思っているのではないか？
> ・口臭をなくして、レクリエーションに参加したいと思っているのではないか？
> ・口臭は義歯が原因だと思っているのではないか？
> ・義歯が汚れなければ口臭がしないと思って食事を残すのではないか？

課題を導き出す

　以上のことから、Aさんの課題を導き出します。

【Aさんの課題】
① 口臭をなくして、ほかの入居者との交流を増やす
② 口臭の原因を正しく理解する
③ 口臭を軽減できるような口腔ケアが行えるようにする

　上記のように課題が複数考えられる場合は、優先順位をつけていきます。この場合は、Aさんの活動・参加を拡大するために、「ほかの入居者との交流を増やす」ことが重要と考えられます。そのために、介護者やほかの支援者は、これらの課題を解決していくための具体的な方法をAさんやその家族とともに考え、支援していきます。

適切な口腔ケアをとおして利用者のQOLを高める

　AさんのQOLを向上させるには、ほかの入居者との交流を増やすことが最も重要といえます。そのためには、「口臭をなくすこと」が大切です。
　Aさんは歯ブラシを使った口腔ケアはできていますが、歯のみがき残しや舌、部分床義歯の汚れ、口腔内の乾燥が口臭の原因になっていると考えられます。その原因をなくすための支援として、Aさんのしている歯ブラシを使った歯みがきを続け、歯ブラシを舌ブラシに持ち替えることで、自分で舌清掃ができるようになります。また、保湿剤を使ったり、こまめにお茶を飲んでもらったりすることで口腔乾燥を軽減させることができます。
　Aさんのできないことを支援するという視点で考えると、Aさんが自分で歯みがきをした後に介護者が口腔内を観察して、みがけていない部分をケアしたり、歯間ブラシを使って清掃するのもよいでしょう。部分床義歯の汚れがある場合は、その汚れの度合いや場所によって道具を工夫し、Aさんが自分でできるように支援し、それが難しい場合は介護者がみがくなど、できるだけAさん自身にみがいてもらいましょう。また義歯洗浄剤を適切に使用しているか確認しましょう。
　このように、Aさんのできていることを継続する支援、できないことへの支援をしていくことで口臭を減らすことができれば、AさんのQOLは向上するのではないでしょうか。

自分で歯をみがいている人への支援①

自分で歯をみがいている人に対して、介護者は見守りや観察をおこたりがちです。実際はケアが不十分な場合や、部分的な介助が必要になっている場合もあります。利用者の自分でできるという意思を尊重しながら、今までの生活習慣の把握とケアの実際をチェックしていきましょう。

今までの生活習慣について情報収集しよう

- ケアの実施場所は…
  浴室、台所、洗面所、どこでしょうか？
- 実施時間は…
  起床時、朝食前、朝食後、昼食前、昼食後、夕食後、就寝前、いつでしょうか？
- 1日のケアの回数は…
  1回、2回、3回、4回、何回でしょうか？
- 実施時に使用する用具は…
  歯みがき剤、歯ブラシ、コップ、何を使用するのでしょうか？
- 使用物品の保管場所は…
  浴室、台所、洗面所、どこでしょうか？

　毎日かかわりをもっていても、意図的に知ろうと思ってかかわらなければ知ることのできない利用者の情報や習慣があります。介護者は日々の業務のなかでさまざまな情報を利用者の発言や行動、家族から知ることができます。その情報こそ、介護者が利用者の望む生活を支える際のヒントです。また、身体状況や生活環境等、何らかの変化が生じた場合、長年の生活習慣にも変化が生じ、今までは自分でできていた動作が継続できなくなる場合があります。日々、状態は変化していることを念頭におき、ケアの動作に困難が生じていないかを観察していきましょう。
　また、ケアの拒否がみられる場合は、「そのケアをする習慣がない」という理由からケアを断っている可能性があります。無理やりにケアを進めるのではなく、まずは現在できているケアの内容の充実を図っていきましょう。

ケアのチェック例

　口腔ケアの行為は自立していても、一連の行動のなかで支援が必要な場合もあります。以下のケアチェック内容からどの部分に見守りや声かけ、介助が必要なのかみていきましょう。

①実施場所までの移動方法は？
- □１人で歩いて移動する
- □歩行補助具を使用して移動する
- □介護者が介助して移動する

ポイント　日々の体調は変化するので身体状況に応じた支援をしましょう。

②実施場所の環境は？
- □安定した立位で蛇口に手が届く
- □車いす座位で蛇口に手が届く
- □介護者が水を汲む

ポイント　利用者の状態にあわせて適宜、場所を選びましょう。

③利用者の状態にあったケア用具を使用していますか？
- □口腔の状態にあった用具である
- □消耗や破損がない
- □清潔に保管できている

ポイント　自分でみがいている人でも、ケア用具のチェックはこまめにしましょう。

④きれいにみがけていますか？
- □きれいにみがけている
- □みがき残しがあり、介助を要する
- □みがけていない

ポイント　口のなかの汚れが残りやすい部分を把握しましょう。

⑤義歯は、はずして洗浄していますか？
- □自分で義歯をはずし、みがく
- □介護者の声かけではずし、みがく
- □義歯をはずさない

ポイント　義歯をしている人は、必ずはずしてみがいているか確認しましょう。

⑥うがいができますか？
- □自分でむせずにうがいをする
- □介護者の声かけでうがいをする
- □うがいができない

ポイント　一口に含む水の量や水の温度に注意しましょう。

自分で歯をみがいている人への支援②

生活に必要なさまざまな動作は、一つひとつ別々の動作としてとらえられがちです。しかし、それぞれがつながりのある動作であり、口腔ケアの動作を通してその他の動作ができるという視点をもって観察することが大切です。食事動作と関連し、口腔ケアの支援について考えていきます。

 自助具や口腔ケア物品の選定

食事の際に握力の低下等により「うまく食べ物が箸でつまめない」人に対して、バネ付き箸や持ち手を太くして持ちやすくする自助具を用いた対応をしていると思います。このような人に対して、歯ブラシも同様にしっかりと柄を握ることが困難なのではないかという視点をもち、支援方法を検討しましょう。普段の生活のなかで、「湯のみが持ち上げにくい」「茶碗を持ちにくそうにしている」等、握力の観察をし、食事摂取動作から口腔ケア動作を検討していきましょう。道具がなくても、身近なものを利用して対応することができます。

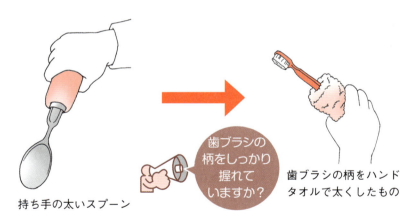

持ち手の太いスプーン　　歯ブラシの柄をしっかり握れていますか？　　歯ブラシの柄をハンドタオルで太くしたもの

また、食事摂取動作で食べこぼしがみられる人の「手首が曲がらない」「肘が曲がらない」といった身体的な状況に関しては、口腔ケアの際には、「歯ブラシが奥まで届かない」「口腔内全体をみがくことが難しい」等の状況におちいることが考えられます。その際は、介護者が肘や手首を支え補助をする、届く場所までを利用者にみがいてもらい、奥側やみがき残した部分を介護者が仕上げみがきする等の必要に応じた介助を行いましょう。同様に、肘や手首の可動域の状態によって、うがいの水も口腔内に含みにくい可能性があります。利用者がどのくらい水を

口に含むことができるのかを観察し、その状況によって介助をしましょう。

歯ブラシが届かない

歯ブラシが口腔内全体に届いていますか？

介護者が肘や手首を支えて補助する

口腔ケアを行う際の配慮すべき環境

　食後に口腔ケアを実施する場合、誘導時に利用者の近くへ行かずに遠くから大きな声で、「歯をみがきましょう」と促していませんか。今から歯みがきをすることを多くの人に知れわたる恥ずかしさから、このことを不快に思われ、歯みがきを拒否されることもあります。羞恥心に配慮し、利用者の近くまで行き、小声やジェスチャーを交え、ほかの人に聞こえないようにケアを促しましょう。また、まだ食事をしている人が同じテーブルにいる場合は、食事をしている人が不快にならないように利用者を洗面所等へ誘導して歯みがきを促しましょう。

大きな声で呼ばない

ほかの人が食事をしている場所で口腔ケアをしない

姿勢保持の方法

　口腔ケアを行う際の姿勢として、立位が安定している人は立位で実施し、立位が不安定な人は座位姿勢でケアを行います(p.24参照)。安定した座位姿勢は、食事の姿勢と同様に「両方の足底が床につく」「背もたれのあるいすに深く座る」ことができる姿勢です。一人ひとりの体格に応じたいすを用意しましょう。また、体調不良によりベッド上にて実施する場合も食事姿勢と同様に半座位にし、膝を曲げて座位を安定させます。頸部が後屈しないように注意しましょう。

　杖を使用している場合や車いすを自走している人で立位が不安定な場合は、歯みがきが座位姿勢で行えるように、ガーグルベースンを準備し、安全に行えるように配慮します。

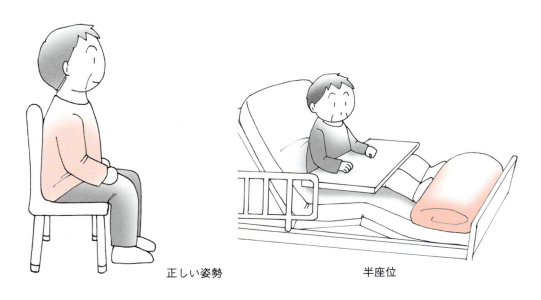

正しい姿勢　　　　　　　　半座位

 ## 自分で歯をみがいている人への適切な声かけ

　自分で口腔ケアができるのに、なかなか実行できないことはありませんか。
　「後でする」「今はしません」など利用者の意欲がみられない際に、いつであればスムーズに実行できているかを把握します。長年行ってきた生活習慣を変えることは難しく、無理やりケアを促すと利用者の意に沿わず、拒否につながっていくことも考えられます。
　例えば、利用者が起床後すぐに歯をみがいていたので話しかけた結果、「朝起きてすぐに歯をみがかないと、口のなかが気持ち悪くて」と、毎朝歯をみがいていることや朝食後と夕食後の2回みがいている等の情報が得られた場合、習慣となっ

ている時間の歯みがきを行えるように支援します。そして、「いつも丁寧に歯をみがいていますね」「歯を大切にして、おいしくご飯を食べましょう」など、健康に過ごすためにも口腔ケアが大切ということを伝え、徐々にその他の時間にも歯みがきが実施できるように促していきましょう。

参考文献
- サンスター歯科保健振興財団編『介護に役立つ口腔ケアの基本』中央法規出版、2009年
- 菊谷武『「食べる」介護がまるごとわかる本』メディカ出版、2012年

自分で歯をみがけない人への支援

自分で歯をみがけない人に対し、しっかりとアセスメントをしていますか。一連の行為すべてを介助していませんか。コップを手に持つだけでも、主体的に参加していることになります。そしてそれは生きる意欲へとつながっていきます。また、介助をしていても、どのような方法がよりスムーズで安全かなど、工夫することも大切です。

 全介助でケアしている人のアセスメント

歯みがきにおける一連の動作を表1を参考に点検しましょう。△や×がついた箇所は、どのような介助方法が望ましいかを考え、また工夫により×は△に、△は○になるように支援をします。

表1　チェック表の一例

	歯みがきの手順			自立度チェック	チェックに対する補足	支援の一例
1	歯ブラシを持つ			○	持てるが上手にみがけない	みがく際には手の機能に注意し観察、指示する
2	歯みがき剤をつける			×	ふたが開けられない、チューブを押せない	介護者が歯みがき剤をつける
3	みがく	右	上	×	歯ブラシをあてることができない	すべて介護者がみがく
4			下	×		
5		左	上	△	声かけで行おうとするが、向きが合わず、歯ブラシが届いていない	歯ブラシの向きを介護者が変えて、手の甲を補助し一緒にみがく
6			下	△		歯ブラシを利用者が持ち、手の甲を補助し一緒にみがく
7	コップに水を入れる			×	蛇口まで手が届かない	介護者が水を入れる
8	コップを口へ運ぶ			△	軽いものは可能	重いとコップを落とすため、軽いコップを使う
9	水を口に含む			△	水が多いとむせる	むせないよう、少量ずつ行う
10	ブクブクうがいをする			△	言葉や見本を見せると、行おうとするが、ほとんど動いていない	顔を横に傾けて口のなかで水を移動させ、汚れをすすぐ
11	吐き出す			△	洗面台には吐き出せない	ガーグルベースンを顎につけ、口角をやや指で開いて排出する

○⇒できる、△⇒手伝えばできる、×⇒できない

声をかけることの重要性

　全介助と聞くと、自力で行うことが全くないように聞こえますが、「意識を向ける」「集中する」ことは、その行為を受け入れ、参加していることであり、「自立」という大切な意味をもちます。介護者が一つひとつの行為に対し、許可と協力を得るために声をかけることは、利用者が意識を向けるきっかけとなるため不可欠です。

 ### 全介助で歯みがきをするときの注意点

　歯みがきを介助する際、どの位置から介助すればよいでしょうか。すべての歯をしっかりとみがき、みがき残しがないかを確認して、歯や歯茎の状態を観察するためには、介護者は正面かやや斜めに位置するのが最適です。利用者の口の高さと同じ目線になり、左右、上下の観察をします。

上から行うと利用者の顔が上向きになり、誤嚥する危険性がある

介護者は利用者と水平の高さになる。下からのぞき込まない

 ### うがいの支援

　介護者が立ったままの姿勢でうがいを促すと、自然に利用者の顎が上がり、流し入れた水分を誤嚥する危険性があります。通常、口にするものは、口の高さより下から運ばれるものです。自力で行っているときのように利用者にとって自然な姿勢で、安全にケアしましょう。

認知症の人への支援① ——原因疾患別の口腔ケア

> 無理をしないで自分でできることをしてもらい、できたことをしっかりと認めましょう。また、できるだけ同じ介護者がケアを行い、信頼関係を築くことが大切です。「ご飯を食べたから歯をみがきましょう」や「歯をみがいてあげるから口を開けて」などの教育的・指導的態度で利用者ができないことを強制すると、利用者は強く反発し、パニックを引き起こす可能性もあるので、その心理面に十分配慮し、支援しましょう。

原因疾患別口腔ケア

アルツハイマー型認知症

認知症のなかで最も多い原因疾患です。記憶障害、失行、失認、失語があり、自発性も低下します。そのことから、歯ブラシを認識できず、歯みがきをするという行為そのものがわからないという状況となります。

歯ブラシを認識できないことがある

 口腔ケアのポイント

毎日数回行う口腔ケアであっても、本人にとっては「初めての行為」として対応し、1つずつの行為に対しての促しが大切です。

血管性認知症

進行性ではないことが特徴です。そのため、早期のリハビリテーションにより軽快する可能性があります。しかし、脳梗塞を繰り返すたびに別の機能が失われることになり、「段階的」に症状が悪化していきます。

絵で示すと伝わりやすいこともある

口腔ケアのポイント

　麻痺や運動障害、言葉をうまく話せないなどの特徴がありますが、現存の機能を最大限に活用し、また歯みがきを絵で示すなどし、ケアすることが大切です。できたことはしっかりと認め、ほめることにより自己評価を高めると精神的に安定することがあります。また、開口困難がある場合、長時間の開口は本人にとって負担や苦痛を伴います。より要領よくケアを行うことが求められるため、例えば汚れのひどいところからケアを行うなど、優先順位をつけて実施することも考えてみましょう。加えて、1日3回実施するところを5回に増やすなど、1回あたりのケア時間を減らす工夫も重要です。

レビー小体型認知症

　進行が比較的早い認知症です。「知らない人が部屋に入ってきた」「ごみ箱から火が出ている」などの幻視がみられます。また、誤認識、幻聴、うつやパーキンソン症状なども起こり攻撃性の強さも特徴として見受けられます。

歯ブラシが違うものに見えることもある

口腔ケアのポイント

　洗面台の鏡と対面し、支援することを避けることもあります。鏡に写っている像を自己と認識できなかったり、幻視を誘発したり、不安や攻撃性を強めてしまうことが考えられます。幻視がみられるときや攻撃性の強いときには、幻視を否定することなく対応します。そのときには、口腔ケアを強行せず、落ち着いたタイミングを見計らいましょう。無理をせず口腔ケアを行うようにします。また、動作に障害がある場合でも、記憶や理解力が維持される時期には、できないところだけさりげなく支援しましょう。

参考文献
・植松宏監、渡邉誠・森戸光彦・植田耕一郎編著『介護の味方これからはじめる認知症高齢者の口腔ケア』永末書店、2009年
・長谷川和夫『認知症ケアの心』中央法規出版、2010年

認知症の人への支援② —— 自立度別の口腔ケア

ケアを実施する際、その行為の意味がわからないことから拒否につながる場合があります。利用者に今から何をするのかわかるように、声かけとともに視覚や聴覚などにはたらきかけてみましょう。

表2　チェック項目の例

介入のどの部分で拒否がありますか	支援チェック項目
① 声かけしたとき	□視界に入って声をかけましたか □ジェスチャーを取り入れましたか □声かけと同時に行為に入っていませんか
② 誘導するとき	□利用者にとって落ち着く環境ですか 　例：他人の気配があるorないなど □リラックスできる姿勢ですか □利用者が鏡を怖がっているのに、鏡の前でケアしていませんか
③ 開口を促すとき	□しっかりと覚醒していますか □声をかけてから口に触れましたか □介護者の手は冷たくないですか
④ ブラッシング／清拭するとき	□利用者は歯ブラシを持てますか □開口を待たずに歯ブラシを差し入れていませんか □歯みがき剤は刺激が強すぎませんか
⑤ うがいをするとき	□水は冷たすぎませんか □利用者はコップを持てますか □ガーグルベースンを使用しましたか
⑥ 義歯の着脱	□装着前にうがいはできていますか □利用者の手を誘導すれば、自分で着脱できませんか □無理に口角を広げていませんか □義歯が「冷たい」ことをしっかり伝えていますか

 自分でみがける人

　認知症の人のなかには、自分のケア用具の保管場所がわからなくなる人もいます。ケア用具を置いた場所を探すことに集中し、そのまま歯みがきをすることを忘れてしまうこともあるので、実施前には介護者がケア用具の有無を確認しておきましょう。また、実施場所へ誘導する際に「歯みがきをしましょう」と声をかけただけでは伝わらないことがありま

す。介護者が歯をみがいているジェスチャーを行い、視覚にはたらきかけると伝わる場合があります。

また、短期記憶障害や見当識障害がある場合、適切な声かけや歯みがき時の見守り、ケア用具の管理などの支援が必要となります。常に行動を観察し、支援内容に変更が生じていないかを確認しましょう。

 ## 介助があればみがける人

利用者に歯ブラシを握ってもらい、介護者がその人の手の甲を包むように支えると、そのまま自分で手を動かし、歯をみがくことができる場合があります。その際、支えている介護者の力加減を調節し、強くみがきすぎないように注意します。ある程度みがけた段階で、介護者による仕上げみがきをしましょう。

義歯洗浄の際に、介護者が義歯の装着をすると痛がる人がいます。自分で義歯をはずすことが可能であれば、「はずす」「装着する」という動作を介護者がジェスチャーで行って利用者に自分ではずしてもらうとスムーズに実施できることがあります。

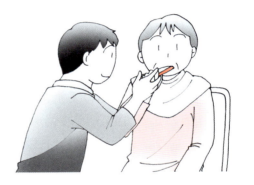

 ## 自分でみがけない人

自分で歯をみがくことが難しい人の場合、コップを持ってもらい、介護者が手を支えれば水を口に含み、ブクブクうがいができることがあります。ブクブクうがいの後で水を吐き出す場所やタイミングがわからない場合、次のような方法で視覚と聴覚にはたらきかけてみましょう。

例えば、洗面所の水道の音を聞いてもらい、水を吐き出せる場所を聴覚にはたらきかけたり、実際に介護者が水を吐き出す様子を見せたりします。

今から行う動作について、わかりやすい声かけで説明するとともに、ジェスチャーを交え目で見て伝わるようなはたらきかけが有効です。意思の疎通が難しいことも考えられるので、無理やりに介助をするのではなく、一つひとつの動作を端的に伝え、じっくりとかかわる姿勢が求められます。

認知症の人への支援③
――受け入れない人への口腔ケア

認知症の人が口腔ケアを拒否した場合、どうしても無理強いしたり、放置するしかない場合があります。同じ場面での拒否でも理由はさまざまですが、何に対して拒否があるのか、一人ひとりをアセスメントし理由を探ることが大切です。

「声かけしたとき・誘導するとき」に拒否がある人

　声かけに対して全く動こうとしない人も、視界に入り込んでから声をかけると注意を向けてくれる場合があります。

　利用者は声をかけてきた目の前の人を「誰？」と思うことからスタートします。介護者は自分が味方であることを示すためにも、笑顔で安心感を与えましょう。

　そして、口腔ケアに集中できる環境をつくりましょう。雑音を減らすためにテレビを消し照明を明るくして、いすに腰かけてもらいます。水道から水を流して音を聞いてもらったり、触れてもらうことで、利用者の体験記憶を刺激して行為へとつなげます。

「開口を促すとき」に拒否がある人

　人は、突然身体に触れられると嫌悪感を覚えます。それが口腔内であれば、なおさらです。理解や協力を得ることを簡単にあきらめず、介護者が利用者の視界に入り大きく口を開けて見せて、歯を指さしながら開口を促してみましょう。

「ブラッシング」に拒否がある人

　介護者が歯ブラシをあてると顔をそむけ拒否する人に、手に歯ブラシを持たせ一緒に口へ運ぶことで、手続き記憶に作用し、奥歯や歯の内側までみがくことができたケースがあります。また、手は動いていても同じ場所ばかりみがいている人には、介護者が最後まで手を添えることで全体をみがくことができることもあります。

　歯みがき剤の刺激に強い拒否を示す人には、刺激のない歯みがき剤または歯みがき剤を使わないことでスムーズにケアすることができます。

　入浴時など、本人が心地よく感じる時間に歯みがきをするのもよいでしょう。このように、ちょっとした援助や工夫で、歯みがきが可能になります。

「うがいをするとき」に拒否がある人

　介護者がコップを運び、口につけると拒否したり飲み込んだりする人の場合は、可能なら利用者にコップを持ってもらい、介護者も同じ行為を同時にしながらうがいを促してみましょう。「ブクブクうがいをしましょう」という声かけよりも実際の音を聞くことで認識することができます。

　水を吐き出そうとしない人の場合、洗面台までに距離があることで認識できない可能性もあります。ガーグルベースンを使ったり、いすに座ったりして、前かがみになることだけで、吐き出しやすくなります。

　また、水の冷たさが拒否につながることもあります。その場合は、刺激の弱いぬるま湯を用意してみましょう。

「義歯の着脱」に拒否がある人

　朝起きがけで口腔内が一番乾燥した状態での義歯の装着は、スムーズにすべりこませるのも困難で利用者にとっても不快です。起床直後ではなくても朝食前にうがいをしてから、またお茶を飲んでからでも遅くはありません。

　利用者が1日のうちのどの時間に義歯を装着していたかを確認し、その習慣を尊重して装着をしてみましょう。生活に連続性があることが行為への認識につながります。

終末期・ターミナル期の人への支援

全身状態が悪化し、臥床時間が長くなっても、「楽に息ができる」「家族や周囲の人々と語る」「好きなものを食べる」など、いつもの生活を送ることを誰もが願っています。毎日の変わらない生活を続けるためには、口腔ケア、特に口腔乾燥対策や口臭予防が重要な生活支援となります。口腔内の清潔が保たれ、口腔機能が維持されることで、表情が穏やかになり、笑顔で最期の日までその人らしく満足した生活を送ることができます。

 口腔ケアのポイント（p.46「困難なケアの対処方法」を参照）

声かけを行っても返答がないことがある

　口腔ケアは返答のあるなしにかかわらず、十分に声かけを行いながら、安心を与え苦痛を与えることなく、丁寧に行いましょう。日々変化する身体状態に応じて、無理をせず毎日続けることが大切です。また、ちょっとした表情の変化も読み取りましょう。痛みなど苦痛を表す場合は、ケアを一時中断しましょう。家族の協

力を得て一緒に口腔ケアを行うことも考えてみましょう。

口腔乾燥が悪化する

経口摂取量の減少や脱水、唾液分泌量の低下、薬剤による副作用、開口や口呼吸、酸素吸入、会話による発語の減少などが口腔内の乾燥を助長しています。口腔乾燥によって口腔内細菌が増えると、口臭が強くなり利用者だけでなく家族や周囲の人々も不快にします。また、口のなかや舌がひりひりと痛い、唇が切れ痛みがあるなど、利用者はより苦痛を伴うことになります。

口腔ケアは、ブラッシングと保湿に努めます。やわらかい歯ブラシ・スポンジブラシで粘膜を傷つけないようにケアしましょう。口唇が乾燥し、スポンジブラシが挿入しづらい場合は、リップクリームやワセリン、保湿剤を口唇に塗布し十分に湿潤させてから始めましょう。味やにおいに敏感になるため、保湿剤などは好みにあったものを選びましょう。

少量でも水分が飲める場合は、頻回に洗口するより氷片を口に含むほうが、唾液の成分が失われず乾燥感をやわらげるようです。

口腔ケアが困難な場合は、無理をせず歯科衛生士などと連携をとり、専門的口腔ケアの実施と介護職による日常の口腔ケアの併用を考えてみましょう。

口腔粘膜のトラブルが生じる

免疫力の低下や口腔乾燥の悪化は、口内炎、歯茎や粘膜からの出血、カンジダ症などの感染症を引き起こします。口腔内をよく観察し、異変に気づいたら、看護師や歯科医との連携を考え、早期に適切に対処します。

**コラム　終末期とターミナル期の違いは何？
そのとき、介護職の役割は……**

終末期、ターミナル期に対する明確な定義はありません。一般的には、老衰、病気、障害の進行により死に至ることを回避する方法がなく、予想される余命が3か月程度であると表現され、どちらの言葉も同じことを意味しています。

ターミナルケアとは、この時期における医療および看護であり、延命治療は行わず、あらゆる身体的、精神的に生じる苦痛の緩和や軽減が中心です。

今日、生活の場で終焉を迎えたいと望む利用者や家族により、施設や居宅でのターミナルケアの取り組みが増えています。介護職の役割は、利用者が普段どおり穏やかに、最期のときまで自分らしく生きるための生活を支援することにあり、主体的な立場で多職種と連携・協働することが求められています。

医療的ケアを必要とする人への口腔ケア

痰の吸引を必要とする人への口腔ケアの重要性

喀痰吸引を必要とする人は、話す・食べる機能が低下し、唾液の分泌減少による自浄作用や抗菌作用の低下をきたします。その結果、口腔内は細菌が繁殖し不潔となり、誤嚥性肺炎の危険性が高まります。また、口腔乾燥により痰は粘稠度を増し、口腔内から咽頭、声帯部分までかたまった痰がべったりと付着し、利用者は息苦しいだけでなく、吸引時の苦痛も増強します。適切な口腔ケアの実施が望まれます。

 ### 医療的ケアを必要とする人への口腔ケア

2012(平成24)年度から社会福祉士及び介護福祉士法の一部改正により、一定の要件のもとに介護職等は、「痰の吸引等」の行為を実施することができるようになりました。しかし、「痰の吸引等」を必要とする人への口腔ケアに関する具体的な方法は、記載されているものが少ないのが現状です。安全で適切な口腔ケアを行いましょう。

 ### 口腔ケアの効果

口腔ケアを実施すると、口腔内が潤い唾液量が増え、口腔内が清潔になるだけでなく、咽頭部分の菌が減り、痰はやわらかくなり自力で痰を喀出したり、吸引が容易になったりします。その結果、吸引回数が減少したり、誤嚥や不顕性誤嚥による肺炎などを防ぐことが期待できます。

 ### 必要なケア用具の紹介

吸引器

口にたまったケア時の分泌物や汚染水、痰などを誤嚥させないように、スポンジブラシやガーゼで拭き取る方法もありますが、吸引器を使用することでより安

全・確実に吸引することができます。

ディスポーザブル排唾管

通常の口腔内吸引では、ネラトンカテーテルが使用されますが、ディスポーザブルの排唾管はチューブが短く、ワイヤーが入っているためコシがあり、自由な角度に曲がり操作がしやすいため使いやすく便利です。先端が吸引中に閉塞しにくい形状であり素材がなめらかなので、粘膜へ触れた感じがソフトです。歯科治療の吸引の際に使われています。価格も安価な商品です。

吸引器

ディスポーザブル排唾管

パルスオキシメーター

ケア時の身体状況の変化をいち早く知るために、バイタルサインの確認は大切です。パルスオキシメーターを用いて脈拍数と経皮的動脈血酸素飽和度（SpO_2）をモニターすることで、簡便に心肺機能の変化が把握できます。ケアの前・中・後の数値変化を確認しながら実施します。

パルスオキシメーター

吸引機能付き歯ブラシ・粘膜ブラシ・スポンジブラシを使った口腔ケアの実際

吸引機能付き使い捨て歯ブラシ・粘膜ブラシ・スポンジブラシは、ヘッドの部分に吸引口があり、口腔内にたまった水分やブラッシング時の汚染水を吸引できるため、1人でも確実に吸引しながらケアができます。水を入れたコップを準備し、ブラシやスポンジ

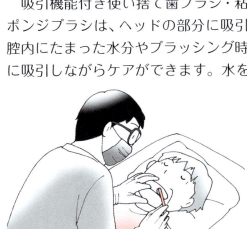
吸引機能付き歯ブラシを使い1人でケアを実施する場合

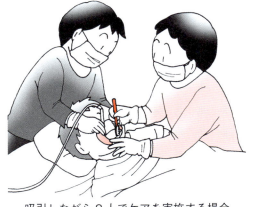
吸引しながら2人でケアを実施する場合

ブラシを適宜洗浄しながらケアを実施します。

状況に応じて保湿剤、開口補助具、補助清掃用具などを用意すると便利です（p.34～35参照）。

 ### 口腔ケアの実施時間

口腔ケアは、できるだけ利用者が覚醒したときに実施します。先述したように口腔ケアを実施することで吸引が容易になるため、吸引の前に口腔ケアを実施すると効果的です。時間や回数は、口腔乾燥の程度によって、最低1日1回のブラッシングと1日数回の保湿、スポンジブラシなどの清拭を併用します。

 ### 口腔ケア時の体位と方法

ケア時には、口腔内の付着物や痰の粘稠度が低下するため、吸引を行って誤嚥を防ぎます。

仰臥位でやや頸部を前屈した体位は、口腔内が観察しやすく吸引もしやすい姿勢です。ベッドを挙上した場合も、やや頸部を前屈し吸引しながらケアを行いましょう。側臥位も安全な姿勢ですが、観察や吸引がやや困難です。姿勢に関してはp.24～27、基本的な手順はp.40～41を参照しましょう。

 ### 酸素マスク装着の必要がある場合

介護者2人で口腔ケアを行うのが安全です。ケア時には、酸素マスクを鼻カニューレに変更するか、マスクを鼻にあて酸素吸入を継続しながら行います。ケア中は、SpO_2の数値や、表情、口唇の色、肩や胸の動きなどから呼吸状態を確認しながら実施します。

 ### ケア終了後の対応

経鼻経管栄養を行っている場合は、栄養チューブが口腔内に出てきていないか確認します。また、看護師による咽頭および気管の吸引が必要な場合があります。

栄養チューブが口腔内に出ている様子

気管カニューレ挿入時の口腔ケア

　気管カニューレの種類は多く、単管、複管や、カフが付いていない気管カニューレ、カフ付き気管カニューレ、カフとサイドチューブ付き気管カニューレなどがあります。

　介護職は、利用者の装着している気管カニューレのタイプをまず把握し、吸引器を用いて誤嚥させない口腔ケアを実施する必要があります。

　気管カニューレに付いているカフは、気管壁とチューブの隙間をふさいでいます。サイドチューブは気管カニューレのカフの上部にたまっている分泌物を吸引する細い管です。

　サイドチューブ付きカニューレの場合は、ケア中には常に口腔内吸引を行い、終了時にはカフ部にたまった分泌物をサイドチューブから吸引します。その後、気管カニューレ内部の吸引をします。

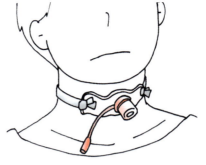
カニューレ装着の様子

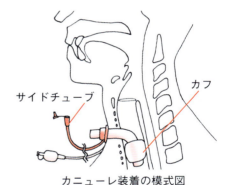
カニューレ装着の模式図

経管栄養をしている人への口腔ケアの方法

私たちは、食べ物をよくかんで食べることによっても、食べ物が歯や粘膜面は清掃され、また、唾液により洗い流されることで口腔内はある程度きれいに保たれます（自浄作用）。しかし、口から食べることができない人では、このような自浄作用も期待できず、口腔内には細菌や食渣が増え、摂食・嚥下機能にも障害があるため誤嚥性肺炎のリスクが高くなります。口腔ケアの実施は、口腔内を保清し細菌数を減少させ、摂食・嚥下機能のリハビリテーションにもなります。

 ## 経管栄養法の種類

経管栄養法には、チューブの挿入経路によって、経鼻経管栄養、胃ろう経管栄養、腸ろう経管栄養があります。

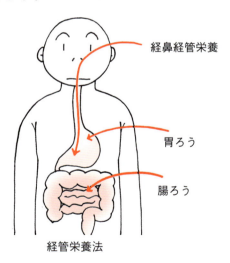

経管栄養法

 ## 口腔ケアの重要性

経管栄養を行っている人は、「口は使っていなくても、口は汚れている」と表現されるように、咀嚼による唾液分泌がないため、口腔内が大変汚れています。また、嚥下障害のため口腔内の汚染物を誤嚥しやすいだけでなく、胃から逆流した内容物による誤嚥も問題です。経鼻チューブが鼻腔からのどを通り食道へ至っている

ため、唾液や口腔内の汚染物を嚥下しにくく誤嚥しやすいことに加え、鼻呼吸が行いにくく口呼吸になるため口腔乾燥が助長されるのも特徴です。そのため口腔ケアの実施は、誤嚥性肺炎の予防として重要な生活支援となります。また、嚥下訓練としても有効です。

鼻から呼吸しにくい

嚥下しにくい

 口腔ケアの方法と注意点

　基本的には、口腔内の細菌数を減らし、乾燥を予防する方法が主体となります（p.46～49参照）。また、経口摂取に向けた口腔ケア方法を取り入れるのは、利用者のQOLを高めるためにも大切です。

　経鼻経管栄養での口腔ケア時は、チューブが抜けないように注意します。終了後は、経鼻経管栄養チューブが口腔内に出てきていないか確認します（p.90イラスト参照）。

 口腔ケアの実施時間

　口の汚れや乾燥の程度、栄養剤注入時間などを考慮し1日のなかで口腔ケアを実施する時間を決めます。

　就寝前の口腔ケアは、唾液の分泌が少ない就寝中に最も口腔内細菌数が増加するため、細菌数の減少と保湿のために必要です。起床直後のケアは、就寝中に口腔内細菌数が増加しているため、細菌の誤嚥を防ぐために必要です。

　栄養剤注入前の口腔ケアは、消化管の活動を活発にする効果があります。栄養剤注入後は、逆流や口腔内刺激による嘔吐を防ぐため、30分から1時間後に実施します。

コラム　胃ろうは「悪者」、それは誤解です

　胃ろうとは、口から食事がとれない人や、誤嚥性肺炎の危険性が高い人に、生命の維持とQOLの向上を目的とし、腹の皮膚からと胃壁を貫通して造設された小さな穴のことです。その穴を開けてカテーテルを入れる内視鏡手術をPEG（経皮内視鏡的胃ろう造設術）といいます。胃ろう経管栄養は、経鼻経管栄養より、苦痛や介護者の負担も少なく長期的に栄養管理ができる方法として広く普及しています。胃ろうを造設すると口から食べることができないと思われていますが、適切な医療やケアによって、胃ろうをはずすことも胃ろうをしていても口から食べることもできる場合があります。

II 障がい者への口腔ケア

障がいのある人の場合、その障害特性によっては適切な口腔ケアが行えないことがあります。そのため、障害別の特徴を理解し、医師や歯科医師と連携してケアにあたることが大切です。また、近年の平均寿命の延伸に伴い、高齢障がい者が増加しています。移動や排泄などの介護支援だけでなく、摂食や口腔ケアへの配慮も望まれます。

障がい者への口腔ケアの重要性

障がい者への口腔ケアの意義・役割

知的障害や身体障害、精神障害のある人では、食べる、しゃべる、息をする、笑うなどQOL（生活の質）と直結している口腔の機能にも障害を抱えていることがあります。また、これらの人では口腔清掃や歯科治療がうまく行えないだけでなく、ものを食べたり飲んだりすることが困難なこともあります。このような障がい者の口腔ケアを介助支援することは口腔の衛生を保ち、口腔機能の不全を補ってQOLを向上させるのに大きな意義があります。

 障がい者に対する介護職の役割

　介護職には、身体や知能、精神に障害があることで日常生活に支障をきたしている人の心身の状況に応じた介護、支援を行い、また家族や介護者に対して介護について指導を行う専門職としての役割があります。

　現状では介護職の対象は、急速に増加している要介護高齢者が主体ですが、障がい児が成長して成人、高齢者になるときそれぞれのライフステージで切れ目のない介護を必要としており、それには口腔ケアも含まれます。

　口腔ケアには「器質的ケア」と「機能的ケア」がありますが、小児期には歯列が大きく変化するため、口腔ケアもその変化に合った対応が大切です。また、小児期は口腔機能も著しく発達する時期ですが、障がい児では定型的な発達を示さないため、呼吸、摂食や言語機能の面で保護者・養育者や療育にかかわる専門職種とともに介護支援が必要になります。

 障がい者と歯の疾患

　歯を失うのには、大きく3つの原因があります。それは、むし歯、歯周病と外傷です。むし歯と歯周病の断面は図1のとおりです。むし歯も歯周病も生活習慣病の1つであり、適切な食事と生活習慣によって予防することができます。まず第一に、むし歯菌が増えて歯垢（デンタルプラーク）ができやすくなる砂糖の含ま

れた飲食物の摂取を制限することが大切です。そして第二に、歯垢を歯面から取り除くために歯みがきを励行することです。

歯みがきをしないと歯垢が石灰化して歯石になって、歯周病を進行させます（図2）。歯周病の予防と口腔ケアには、歯みがきをして歯周病菌を少なくすること、歯科医師や歯科衛生士に歯石除去を行ってもらうことが含まれます（図3）。

また、障がい児・者では、転倒などで顔面・口腔に外傷を受けることが多く、そのために歯が抜けたり、欠けたり、折れたり、陥入したりすることがあります。知的障がい児・者でも身体障がい児・者でも、運動機能の障害や「てんかん」を伴っていることが多く、転倒や衝突によって歯、口腔や顔面の外傷を受けることが多くなっています。

このような外傷の防止には、①歩行や移動のとき転倒しないように上体を支える、②周辺を安全な設備・環境となるよう整備する、③リスクの高い障がい児・者にはヘッドギアやマウスピースを装着させる。また④受傷時にはまず意識障害や麻痺、出血などをチェックし、医科診察させてから歯科受診することが大切です。

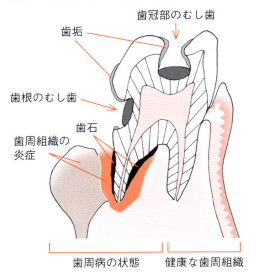

図1　むし歯と歯周病の模式図

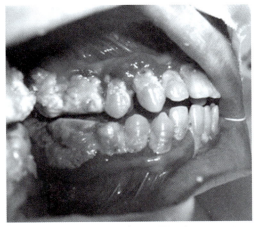

図2　障がい者にみられた顕著な歯石の付着と歯周病の状態

歯肉からの出血と口臭の原因になっている

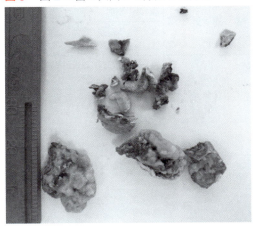

図3　図2の歯の表面から除去した歯石

大きな歯石の塊は20mm以上にもなっており、悪臭を放っている

障がい者の口腔の特徴

障がい者の口腔ケアを行うときには、対象となる障がい者の障害の種類と重症度、年齢（ライフステージ）、生活環境などと口腔の特徴を理解しておく必要があります。

介護職の役割

　介護職として障がい者の口腔ケアを行うときには、まず日常の呼吸、会話、食事のとき口腔機能に異常がないか観察、確認することから始めます。次いで、口腔内外の出血、疼痛や腫脹、歯や舌、口腔粘膜の異常の有無の確認、食前の義歯確認や食事介助、食後の口腔清掃が介護の中心になります。介護を要する代表的な障害とそれぞれの歯科・口腔の特徴を表1に示します。口腔に関して何らかの問題、異常があったときには歯科医師や看護師、歯科衛生士と連携・協力して介護することでケアの質を向上させることができます。

表1　ライフステージからみた障害別の口腔、歯列と歯科疾患の特徴

障害	むし歯	歯列と歯周疾患	口腔機能ほか
肢体不自由	むし歯が多い（片麻痺では患側に多い）、酸蝕症	歯周病（歯肉炎と歯周炎）、歯の摩耗と咬耗	食物の口内滞留、流涎、摂食・咀嚼・嚥下障害
肢体不自由	エナメル質の形成不全が多い	出っ歯や開咬、乱ぐい歯、隙っ歯、傾斜歯	感覚麻痺、異常反射、口腔外傷（破折、脱臼）
精神遅滞	むし歯と未治療歯が多い、治療の困難性	不潔性歯肉炎、思春期以降に歯周炎多発・重症化	口腔の感覚異常（過敏性）、食物の口内滞留、流涎
精神遅滞	食行動の問題（偏食、過食、拒食、異食、反芻他）	出っ歯、開咬や隙っ歯（口唇、舌の低緊張）	噛まずに丸のみ（窒息の危険性）
自閉性障害〈広汎性発達障害〉	食行動の問題（偏食、過食、拒食、異食、反芻他）	口腔習癖やこだわり行動と歯列の変化	衛生観念の欠如、行動異常、治療の困難さ
自閉性障害〈広汎性発達障害〉	特定の食品や飲料へのこだわり	（口腔清掃の不徹底、過剰な刷掃）	知覚過敏（視、聴、味、触、嗅、平衡など）
てんかん	感覚障害と口腔ケア不足によるむし歯	抗てんかん薬副作用による歯肉肥大、歯周病、歯列不正	歯の破折や脱臼、歯槽骨や顎骨と軟組織の外傷
視覚障害・聴覚障害	特別な問題はない	特別な問題はない	障害によっては歯の形成不全がある
口腔形成不全	一般にむし歯が多発（患側に多い傾向）	歯列不正、歯の先天欠如	発音、咀嚼、嚥下の障害
内部障害	制限食・特殊栄養、服用薬が歯質とむし歯に影響	免疫力低下・易感染性（歯肉炎、歯周炎の多発・重症化）	出血と感染症のリスク、口腔乾燥症

障害	むし歯	歯列と歯周疾患	口腔機能ほか
重症障害	弱い歯質、形成不全の歯、むし歯が多い	歯肉炎、歯周炎が多い	口腔ケアは全介助、非経口栄養、気管切開、人工呼吸
精神障害	むし歯が多発、未治療歯が多い	粘膜疾患（口内炎、歯肉炎、口角炎、口腔カンジダ症）	向精神薬の副作用と口腔乾燥、高い窒息死率
高齢障害者	むし歯（隣接面、歯頸部、歯根面、鉤歯）	歯周病、口臭、薬の副作用〈口腔乾燥、乾燥痰〉	顎骨退縮・易骨折性、習慣性顎関節脱臼
	すり減った歯、尖った歯、破折歯、孤立歯、残根歯	義歯不適合、舌苔、舌炎、てんかんに伴う問題、口腔がん	摂食・嚥下障害、口腔カンジダ症、ジスキネジア

資料：森崎市治郎「ライフステージからみた障害別の口腔、歯列と歯科疾患の特徴」日本歯科衛生士会監『歯科口腔保健の推進に向けて　ライフステージに応じた歯科保健指導ハンドブック』医歯薬出版、Ⅲ編、1章、p.150、2014年をもとに作成

図4　障がい者には「てんかん」のある人が多い

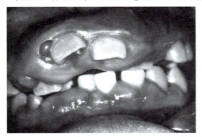

抗てんかん薬服用者では、このような歯肉肥大を生じていることがあり、歯の転位や外傷も起こりやすい

図5　てんかん発作で転倒し、歯が脱臼したため、ワイヤーで整復、固定している

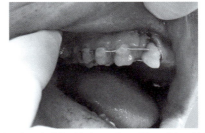

障がい者は転倒や衝突で、顔や顎、口腔に外傷を受けることが多い

障がい児への口腔ケア

障がい児に対する口腔ケアでは、障害別の特徴、それぞれのライフステージ（図6）と歯列の状態（図7）に合わせた対応が重要です。定型的な成長発達を示さない障がい児では、暦齢と発達年齢が合わないことも多いですが、歯齢は暦齢とは比較的一致しやすい傾向にあります。

図6　ライフステージと歯の状態

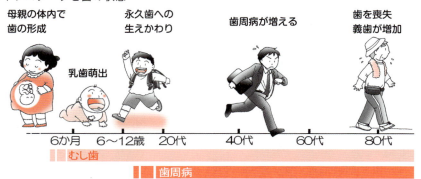

無歯期の口腔ケア

　歯の生えるまで、乳児に介護職が口腔ケアでかかわることは少ないと思われます。唇裂・口蓋裂など顔面、口腔に先天異常のある場合には、哺乳障害が問題になります。口蓋裂乳児では手術で修正されるまでは、ホッツ床を用いて、哺乳を補助します。ホッツ床は合成樹脂でできており、口や鼻の分泌物、ミルクや食物が付着しやすいので、ゴム乳首と同じように洗浄、消毒が必要です。

乳歯列期の口腔ケア

　生後6〜8か月頃から乳歯が生えはじめ（2歳半くらいで生えそろう）、永久歯が生えはじめる（6歳前後）までの期間を乳歯列期と呼びます。乳歯列期で大切なのは、口腔清掃の習慣づけとむし歯予防です。

　むし歯予防には、歯みがきの励行、甘味食品の制限、フッ化物の歯面塗布が重要です。障がい児では脳性麻痺児でも自閉症児でも、概して口腔周囲に感覚過敏性のあることが多く、開口拒否や原始反射がみられます。この過敏性をなくすこと（口腔過敏性の脱感作）が必要です。介護者の手指やガーゼ、歯ブラシなどで口唇内外の皮膚や粘膜、歯面に触れることを繰り返すことで、徐々に過敏性を少なく

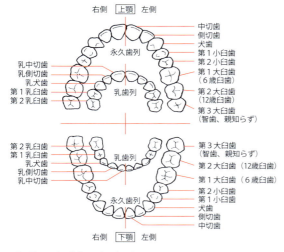

図7　ヒトの乳歯列と永久歯列

表2　保護者に対する歯みがきの指導法

1. 必死にならず、怠らず
2. 怒らないで、ほめながら
3. 痛くないよう、そう快に
4. 明るいところで、歯をよくみて
5. みんなで、いっしょに、楽しく

することができます。

　子どもには日常の歯みがきが楽しく行えるよう、また生活習慣として定着できるよう対応・介助することが大切です(表2)。

 ## 混合歯列期の口腔ケア

　乳歯と永久歯が混在している時期を混合歯列期といいます。この時期には子どもに対しても保護者に対しても、口腔衛生の習慣づけとして食後・就眠前の歯みがき、甘味食品の摂り方などを指導、介助します。障がい児に対してはその発達段階に合った支援、介護が大切です。p.98の表1に示されているような食物の口内滞留、摂食行動の異常、胃食道逆流や嘔吐、誤嚥などの有無を確認すること、保護者・養育者や医師・歯科医師への照会も介護者にとっては大切な役目になります。

　重症児では歯みがきや食事介助のとき、抜けかけている乳歯を誤飲しないよう注意が必要です。抜けた歯が食道から胃に入れば自然排泄されるので心配ありませんが、誤飲して気管内に入ったときは気道閉塞や呼吸器疾患の原因になるので、医師の診察が必要です。

 ## 永久歯列期（10代）の口腔ケア

　12歳頃にはすべての乳歯は抜け、第2大臼歯が生えて永久歯列になります。歯科保健面では、保護者の管理から離れて自立する時期ですが、障がい児では完全自立は難しく、続けて介助、介護が必要です。歯周病も発生しやすくなる10代後半は、その後の口腔環境を左右する重要な時期です。この時期に人工呼吸に移行することが多い筋ジストロフィー児では、口腔ケアは介護で必須の事項となります。

高齢者と障がい児・者の口腔ケアの違い

　高齢者の口腔ケアは、老化に伴って心身の機能が低下した人の口腔の健康と機能を介護・支援することです。一方、障がい児・者の口腔ケアは、心身の機能が先天的または後天的な原因で成長期（小児期）に定型的に発達できなかったり、壮年期に事故や病気で心身機能の一部を喪失した中途障がい者の口腔の健康と機能を介護・支援することです（表3）。高齢者と中途障がい者の口腔ケアでは、口腔の機能を回復する訓練（リハビリテーション）と介護を行います。一方、障がい児・者の口腔ケアでは、介護とともに、遅れている口腔機能の発達を促進する訓練（ハビリテーション）を行うことが大切です。

表3　高齢者と障がい児・者の口腔ケアの違い

	高齢者、中途障がい者	障がい児・者
目的	口腔のケアと口腔機能の回復訓練（リハビリテーション）	口腔のケアと口腔機能の獲得訓練（ハビリテーション）
主な介護者	配偶者、家族介護が主体 〈概して高齢者が多い〉	父母（保護者・養育者）が主体 〈概してより若い〉
対象	老化によって口腔機能の衰弱した人 「フレイル」の状態 事故や病気で心身機能の一部を失った人	全介助の超重症児・者から自閉スペクトラム症、多動児・者まで幅広い
コミュニケーション	言葉での意思疎通が可能〈認知症を除く〉 コミュニケーションツールが有効	知的障がい児・者では困難 さまざまなコミュニケーションツールが必要
栄養	以前は経口摂取を行っていた 普通食から、介護食、経管栄養まで多様	自己摂取したことがない場合もある ミルク、経管栄養、介護食から普通食まで多様
口腔の特徴	口腔乾燥症、歯周病 無歯顎（歯が1本もない）、義歯（総入れ歯、部分入れ歯）	乳歯列、混合歯列から永久歯列まで幅広い てんかん有病率が高い、筋の過緊張や低緊張
生活環境	在宅介護、施設（通所、入所）介護	在宅、療育施設、特別支援学校（特別支援学級）、介護施設（通所、入所）

 高齢者のフレイルと障がい児・者の口腔ケア

　加齢に伴う心身機能の衰えを避けることはできないため、「息をする、食べる、しゃべる、笑う」という口腔の機能を維持するために、高齢者の口腔ケアを行います。また、高齢者に対しては「フレイル（frail）」（高齢になって内臓、筋力や活力が衰えた段階のこと。p.105の図9参照）の概念を理解し、終末期も含めた口腔ケアが

必要になります。

高齢者では、口腔ケアによって口腔内が清掃できるだけでなく、唾液の分泌が促進されることによって、口腔乾燥症を防止する効果ももたらされます。

障がい者においても（リ）ハビリテーションを行うことで、すべての機能が発達、回復して障害のすべてが解消されるわけではないので、そのことを理解して口腔ケアを行うことが大切です。また、障がい者には、コミュニケーション、呼吸から栄養、排泄と移動まで、すべてに介助が必要な重症心身障がい児・者から、自閉スペクトラム症、注意欠如・多動症（AD/HD）や知的能力障害群のように元気で動き回れる人まで含まれます。障がい児では、介護で行う口腔ケアによって、口腔ケアの習慣づけを行い、次いでセルフケアが行えるように育てることが大切です。

さらに高次脳機能障害のように一見しただけではわかりにくい記憶や認知、行動に障害があって、口腔ケアを含めて介護を必要としている人もいます。

 口腔の過敏性と口腔ケア

障がい児・者に口腔ケアを行うことで、口腔周囲の過敏性を除去する効果もあげられます。口腔の内外に介護者が触れることで触覚過敏性が少なくなると、口腔ケアも行いやすくなり、また、摂食介助や機能訓練も行いやすくなります（図8）。特に、脳性麻痺の人では顔面や口腔の内外への少しの刺激に対しても過敏に反応し、全身の緊張や反射が生じやすいため、口腔ケアによって少しずつ過敏性を減らしていくこと（脱感作）で、歯みがきや摂食、言語の発達も促進される効果が期待できます。

図8　口腔ケアを行う姿勢

上体と頭部が安定しやすく、口腔内がよく見えるような姿勢、位置、採光のもとで口腔ケアを行うようにする

高齢障がい者への口腔ケア

医療と福祉の発展によって重度障害のある高齢者が増加してきています。高齢障がい者の口腔ケアは、これまでに経験のない介護の領域であり、今後の経験を積み重ねて確立していかなければなりません。

障がい者の高齢化に伴う問題

　高齢障がい者という言葉には2つの意味があります。1つは高齢になって心身機能が不全になっている人であり、もう1つは障がい者が年をとって高齢者になっている場合です。前者については、他章で解説されるので、ここでは後者の高齢障がい者の口腔ケアについて解説します。

　医療と福祉、生活環境の向上に伴い、発達に障害のある障がい者が長生きできるようになりました。それに伴い生活や健康上の問題が認識されるようになり、さらに保護者・養育者も高齢化してきたことから、しだいに大きな問題になりつつあります。高齢障がい者では、より長い期間の介護支援が必要になってきます。

　発達面で障害のある人が高齢になったとき、以下のような特徴があります。
① 加齢に伴う心身の変化が定型的ではない。
② 通常よりも加齢がより速く進行する(何十年も早く心身の老化が生じる)。
③ 高齢になった保護者・養育者に依存した生活、または入所施設内での生活になっている。
④ 医療者にとっても、これまでに経験の少ない対象である。

高齢障がい者の口腔ケアと対応

　高齢障がい者は、情報処理と、記憶力が衰えるため、新しいことに順応することが著しく困難になります。

　高齢障がい者への口腔ケアでは、口腔清掃や摂食介助のとき、反復しながら、元気づけ、必要なら気をそらせたり(方向転換)して、ケアを受け入れやすくすることが大切です。

　介護職はまた、家族・介護者の労苦に対してもそれを評価し、心身両面から支援することが大切です。

図9　フレイル

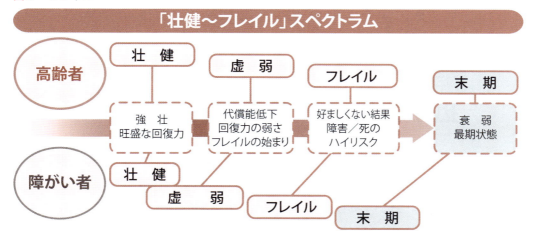

障がい者の早期老化現象

　高齢障がい者では、家族との別離、老化に伴う心身機能の低下や施設入所、認知障害との複合症状が問題になります。また、うつ症状を抱えていることも多くなります。

　ダウン症候群では早期老化現象がみられます。また急激な退行現象を示すことが多いとされています。認知症の症状も早くからみられます。そのため以前はできていたことや歯みがきもしなくなったり、活動性の低下もみられます。図10にダウン症候群で歯周病の人のパノラマエックス線写真を示します。30～40歳代で歯周病のために多数の歯を失うことが多く、無歯顎になっても義歯が使える人は少ないため、介護者は食事形態の工夫、誤嚥や窒息にも注意が必要です。

　脳性麻痺の人が高齢になったとき、四肢の機能不全は老化とともに進行し、さらに介護面では食事、入浴、排泄の問題が大きくなります。口腔周囲筋の不随意運動による歯の摩耗と歯周組織の障害、口腔外傷、むし歯や歯周病によって、歯を失うことが多くなります。緊張の強い脳性麻痺の人では、加齢とともに咬耗、摩耗で歯がすり減ってしまうのですが、筋緊張や不随意運動のために義歯の使用は難しく、また歯はドミノ倒しのように移動、傾斜し、抜けてしまうことが多くなります。そのため、歯ブラシを用いるときにも残っている歯に無理な力がかからないように口腔ケアを行うことが大切です。

図10

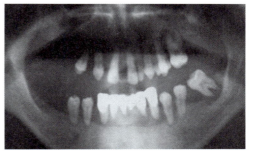

歯周病で歯を支える骨が吸収されている

セルフケアが困難な人への対応

開口することに抵抗がある人への対応

開口することに抵抗があるケースでは、その原因の把握と対処法をセットで考えるようにします。姿勢や緊張から開口しにくいのであれば、その原因を取り除くことから始めましょう。介護者による開口が必要なケースでは、利用者の歯の脱臼や破折に注意するだけでなく、介護者の指や口腔ケア用具をかまれないようにすることも重要です。

 まずは原因を探る

脳卒中などの神経系の異常で自分の思うように開口、閉口運動ができないのか、感覚の異常があり、反射的に強くかみ込んでしまうのか、関節リウマチなどで関節可動域が制限されるためなのか、口腔ケアそのものへの心理的な拒否によるものなのかなど、原因を把握することにより対処方法も変わってきます。また、開口障害のあるケースでは、中枢性に効く薬を服用していることが多く、口腔内は唾液の分泌が減少し、乾燥しやすくなっており、それが口臭や口腔機能の低下につながることがあります。

 運動神経系の異常で過緊張になってしまうケース

口腔ケアの実施前に筋のリラクゼーションを行うとよいでしょう。リハビリテーションで筋力をつけるときにも同様のマッサージが行われますが、口唇や頬の筋肉に力が入っているようなら口腔ケア直前にマッサージをして不要なこわばりをとるようにします。また、首、股関節、膝関節などの角度を変えることによって緊張が弱まることもあるので、利用者の姿勢を調整してみることも大切です。最もリラックスできる姿勢を記録して、介護者がその情報を共有できるようにしましょう。

強くかみ込んでしまう利用者では、残っている歯が歯肉にかみ込んでいることもまれではありません。このような人は認知機能が低下していることが多く、口

図1 口唇・頬のマッサージ

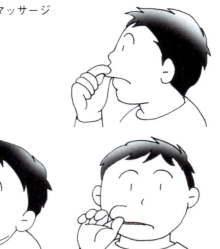

緊張している口唇や頬をつまんだり伸ばしたりしてストレッチする

腔ケア用具や介護者の手指を思いきりかむことがあります。安全のためにも開口補助具を使用するようにしましょう。さまざまな開口補助具が開発されていますが、利用者の状態に応じて最も適したものを選びましょう。

 ## 過敏などの感覚異常があるケース

　他人に感覚過敏部位に触れられることに強い拒否を示します。触れられる刺激を脳のなかで適切に処理することが困難な状態です。たとえてみればしびれた足をつつかれるような状態です。過敏があるときは、口腔ケアや食事以外のときに脱感作を行い、過敏症状のみられる範囲を縮小していくようにしましょう。脱感作がうまく進むと、食いしばりが減り、開口しやすくなることもあります。

 ## 関節リウマチなどで顎関節の可動域に制限があるケース

　開口させる場合、可動域の限界を超えると、症状を悪化させたり、骨折や脱臼させたりすることがあります。無理な開口を避け、可能な範囲内の清掃にとどめることも必要です。

　基本的には、開口の困難さを伴うケースでは、開口補助具を用いて、一定の開口状態を保つと十分かつ安全に口腔ケアを行うことができます。しかし、無理やり開口しようとすると、歯や歯茎、顎関節の損傷を引き起こしたり、その後の心理的拒否につながったりするので、強引な使用は控えるようにします。開口補助具の取り扱いや声かけは「ソフトにマイルドに」が基本です。

多動や体動により姿勢が安定しない人への対応

多動の原因が注意欠如・多動症（AD/HD）によるものなのか、不随意運動による体動かで対処法が異なってきます。AD/HDであれば口腔ケアの実施に向けて環境づくりが重要になりますし、不随意運動が生じてしまうのであれば、体幹と頭部顔面の安定が得られやすい姿勢を保持する正しい方法を習得しておくことが大切です。

図2　多動の原因による対処法

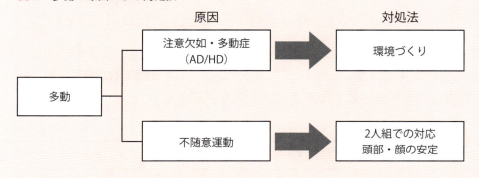

 多動の原因が注意欠如・多動症（AD/HD）の場合

　多動も原因により、対処方法が違ってきます。注意欠如・多動症（AD/HD）は発達特性に起因するものであり、育て方やしつけが原因となることはありません。ただし、接し方や育て方が症状に影響を与えることはあります。AD/HDの人に対して、その特性を理解せず、ただ介護者の要望を押しつけても口腔ケアが安全に行えるようにはなりません。AD/HDの人は、やるべきことや、やってはいけないことは理解しているのですが、周囲からの刺激に注意が移り、当初予定の行動ができなくなってしまいがちです。それを少しでも改善するためには、周囲の人たちによる環境の設定と具体的な指示が重要となってきます。
　環境設定の注意点としては、集中力を途切れさせないように意識することです。特に視覚刺激や聴覚刺激の強いテレビは消すようにしましょう。音の出るもの、動きのあるものは集中の阻害になるので、健常者の感覚でこれくらいは大丈夫と判断せず、できるだけ刺激が少なく落ち着ける環境にすることが大切です。静かな部屋の隅で口腔ケアを実施するのも1つの方法です。AD/HDの人では抽象的

な指示や、複数の指示をこなすことが難しいようです。指示は絵カードを使用するなどして具体的に、単純に行うことが大切です。

そして、実際じっとして口腔ケアを受け入れることができたときには、年少者であればたくさん褒め、年長者であれば口腔ケアに協力してくれたことに深く感謝するなど、即座に行動を「強化」するとよいでしょう。逆に口腔ケア時に落ち着きをなくした場合は、強く叱ったり非難したりすると逆効果になることが多いので、静かな声で穏やかに諭すようにします。よくない行動には関心を示さず(無視)、強化しないように対応して、利用者の行動に変化が生じるのを待つとよいでしょう。

テレビを消す
部屋の隅で口腔ケアを行う
気の散らない環境づくり

 体動の原因が不随意運動の場合

不随意的な体動がみられる利用者では、筋緊張がみられるケースと同様に最も動きの少ない姿勢を探すことから始めます。精神的緊張や興奮がみられるとよけいに体動が激しくなるので、リラックスさせることが大切です。それでも不随意的な動きを完全に抑えることは困難です。そのような場合は、顔を腕と脇腹で包み込むように抱きかかえて口腔ケアを行ったり、2人組で片方が顔を保持している間にもう1人が口腔ケアを実施することもあります。ただし、利用者が無理やり抑えられていると誤解しないよう、了承を得ることが大切です。

1人で実施する場合

利き腕でない腕と脇腹で利用者の頭の動きを抑えるようにする。ラグビーボールを脇に抱えるイメージで行う

2人で実施する場合

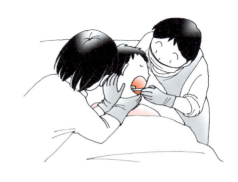

1人が頭や顎の不随意運動を抑え、もう1人が口腔ケアを実施する

歯ぎしりによる鋭歯、開いたままの口、流涎（よだれ）が多い人への口腔ケア

歯ぎしりにより歯が咬耗し、鋭くとがっている人に口腔ケアを行う場合、介護者はグローブの損傷、手指のけがに注意が必要です。開けたままの口では、口腔乾燥になっていることが多く、口の粘膜が損傷しやすいため、保湿を行ってから口腔ケアを行います。流涎（よだれ）が多いケースは唾液分泌過多なのではなく、嚥下障害を疑い、特に姿勢に注意して口腔ケアを行いましょう。

 歯ぎしりによって歯がとがっている人の場合

　障がい者の場合、歯ぎしりによる歯の咬耗で歯がとがってしまうこともしばしばみられます。特に、ダウン症や脳性麻痺で高頻度にみられます。逆流性食道炎や、睡眠時無呼吸、そしてSSRI（選択的セロトニン再取り込み阻害薬）と呼ばれる抗うつ薬などとの関連性が報告されており、障害に固有の特徴というより、二次的に生じるのかもしれません。

　対処方法としては、原因の除去が基本ですが、ストレスの軽減とかみ合わせの調節（咬合調整）が行われることが多く、ナイトガードと呼ばれるマウスピース様の装置を使用して改善することもあります。専門の歯科医院を受診するとよいでしょう。

図3　歯ぎしりによって歯がとがるしくみ

整った歯　　　　　　歯ぎしりをすると…　　　　　すり減ってとがってしまう

　繰り返し歯がすり合わされることにより、歯が鋭角にとがってしまうことがある
　放置すると、口腔ケアの際に介護者がけがをすることがある

図4　歯ぎしりの原因

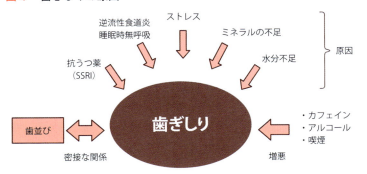

歯ぎしりは単一要因による発生ではなく、複数の要因が関与する。なかでもかみ合わせ（歯並び）が重要な要因となる

 ## 常に口が開いている人の場合

　意識レベルの低い利用者や脳性麻痺の人は、口が閉じられず常に開いていることがあります。特に就寝時にはその傾向が強くなります。口が開いている状態では、口腔が乾燥し、唾液による自浄作用が低下し、不潔物の付着が多くみられます。その結果、粘膜炎が生じ、容易に出血します。細菌が増えてむし歯が多発したり口臭が強くなることもあります。口腔の付着物は咽頭の付着物とも関連があり、誤嚥すると肺炎になる危険性も高くなります。ゼリータイプやスプレータイプなど個人に合った粘膜保湿剤を使用しましょう。粘膜損傷に気をつけ、意識レベルが低い利用者では誤嚥にも配慮して口腔ケアを行い、その後保湿を忘れずに行うようにしましょう。口腔乾燥の程度によっては、食事のとき以外にも頻回に保湿を行うとよいでしょう。

 ## 流涎（よだれ）が多い人の場合

　よく勘違いされるのですが、流涎（よだれ）は唾液分泌過多によるものではありません。原因は飲み込みの悪さにあるといわれています。上手に飲み込むことができず、口腔にたまった唾液がもれ出ていることが多いのです。

　口腔ケアを行うときにも唾液の誤嚥に配慮した姿勢や工夫が必要です。嚥下機能については、専門の医師や歯科医師に相談するようにしましょう。

図5　「流涎（よだれ）＝唾液分泌過多」ではない！

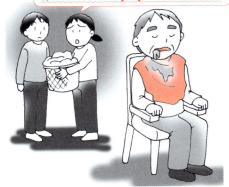

高齢障がい者への口腔ケア

脳血管障害の人への口腔ケア

脳血管障害では、脳の血管が詰まったり破れたりして脳細胞が壊死し、意識障害や手足の麻痺、言語障害、嚥下障害など、多様な症状が現れます。

片麻痺のある人

片麻痺のある人は、今まで両手で行っていた動作を片手だけで行わなくてはならなくなり、歯ブラシに歯みがき剤をつける動作やコップに水を入れる動作が難しくなります。利き手が麻痺になった場合、反対側の手で歯みがき動作をしなければならないため、口腔のセルフケアは不十分になりがちです。歯ブラシのグリップを太くして握りやすくする、歯ブラシを固定して歯みがき剤をつけやすくする(パラリンコップなど)、ブラシを洗面台に固定して義歯を洗浄しやすくする(吸盤ブラシなど)といった自助具の使用や工夫が大切です。

少しの工夫で、1人でできる日常動作を増やすことは、維持期のリハビリテーションの大きな目標です。

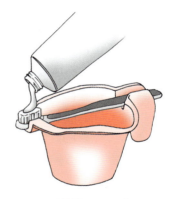

パラリンコップ

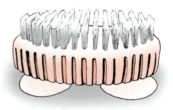

吸盤ブラシ

口に麻痺のある人

手足に麻痺のある人では、同側の口やその周辺にも麻痺が現れることがあり、唾液や食べ物が麻痺側の口角から出てきたり、話が不明瞭になったりします。頬や舌などが動きにくく、食べ物が麻痺側に残りやすいうえに、感覚も鈍くなるため食べ物が残っていることに気づかないこともあります。この場合、麻痺側の歯と頬

の間や口蓋、舌の表面をしっかり清掃するよう指導したり、本人のケア後に介護者が確認をしたりします。

　また、麻痺側の口唇がしまりにくいため、ブクブクうがいをしようとしても水がもれ出して、麻痺側の口腔内の残渣が除去されないこともあります。この場合、麻痺側の口唇を少しつまむようにするとよいでしょう。ガラガラうがいは、奥舌の動きがゆるくて水分が咽頭に落ち込んでむせることも多いため、注意しましょう。

　自分でケアができない人の場合は、しっかり吸引しつつ、特に麻痺側を重点的にケアする必要があります。

麻痺側の口唇を少しつまんでブクブクうがいをする

 ### 失語症のある人

　脳卒中の後、口や舌の動きは問題ないのに、言葉がうまく思い出せなくなったり、人の話す言葉が正しく理解できなくなったりする、失語症の後遺症がある人もいます。これは認知症のような知的能力の低下とは異なり、「ある日突然外国での生活を余儀なくされて、言いたいことがあるのに言葉が見つからなかったり、相手の言っていることが正しく理解できない」というつらい状況におちいっていると考えてください。このような人には、短くわかりやすい言葉で話しかけたり（子ども扱いした話し方ではありません）、ジェスチャーや文字（かな文字よりもよく使用する漢字のほうが理解してもらいやすい場合が多いようです）を利用した支援も有効です。

 コラム 脳血管障害の後遺症

　半側空間無視と呼ばれる、麻痺側（主に左側）の空間に注意が向かなくなる症状の人もいます。洗面台の左に置いてあるコップや歯ブラシに気づかなかったり、左頬のひげ剃りを忘れたり、左側の口腔ケアが不十分だったりすることもみられます。この後遺症は自身で気づいて修正することは困難であり、周囲の人々の言葉かけで左方向に注意を向けてもらうことが大切です。

　また、麻痺はないのに思うように動作ができない「失行」や、運動の幅や速度が調整できなくなる「失調」も、うまく口腔ケアができない原因となります。周囲の人々がこれらの症状への理解を深めて、適切なサポートやリハビリテーションを行っていくことが重要です。

神経筋疾患の人への口腔ケア

神経筋疾患は、手足の運動障害が出現して動けなくなったり、口や舌が動かなくなり話せなくなる構音障害、食べ物をかみ砕いたり飲み込んだりすることができなくなる嚥下障害などが徐々に進行していく、原因不明の神経や筋肉の疾患の総称です。

 代表的な疾患と対処法

　進行性核上性麻痺はパーキンソン病に似た症状で、下方を見るのが難しくなったり後方に転倒しやすくなる場合が多いため、ケア用品を見やすい高さに置いたり、いすに座ってブラッシングする必要があります。

　大脳基底核変性症は、麻痺がないのにうまく動作できない失行症や持ったものが離せなくなる症状が出ることがあるので、適切な握り方やブラッシング動作の介助が必要になります。

　多系統萎縮症は、起立性低血圧や食後低血圧が出現することがあり、食事中や食後の口腔ケア時に意識消失する人もいます。適宜、血圧測定をしたり表情の変化がないかなど見守りをする必要があります。

　重症筋無力症は、筋力が低下し、疲れやすいという特徴があります。ブラッシングなどは、動作開始時はできるものの、徐々に疲れて動けなくなります。また、午前より午後に状態が不良となりやすい場合が多いようです。食卓で肘をついて歯みがきできるセッティングなど、疲れの出にくい工夫をすることが重要でしょう。

　ハンチントン舞踏病は、本人の意思とは無関係に手足や頭頸部、口腔周辺など全身が激しく動く舞踏運動と呼ばれる不随意運動により、自身でのケアも介護者によるケアも行いにくくなる症状が特徴です。座位での短時間の口腔ケアやバイトブロック（開口補助具）の使用など、介護者にとっても負担の少ない方法で実施しましょう。

　各疾患の症状は多岐にわたり、その進行速度も症状の出方もさまざまです。各利用者の現在の状態に応じた無理のない口腔ケアをすることが大切です。

図1 摂食・嚥下の流れ

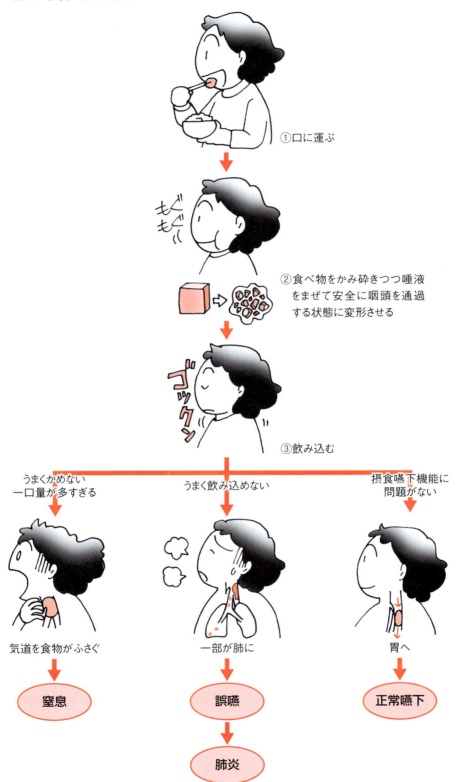

パーキンソン病の人への口腔ケア

わが国のパーキンソン病の患者数は、人口10万人あたり100〜150人と推定されており、神経難病のなかでも非常に多い疾患です。パーキンソン病は、手足だけでなく口や体全体のふるえ、筋肉のこわばり、動作がゆっくりになる、前かがみになり姿勢のバランスを崩し転びやすくなるなどの症状がみられます。その他に、ろれつ困難や小声、表情の乏しさ（仮面様顔貌）などもみられます。

 ## 口や手の動きがぎこちない

　パーキンソン病の人は、舌や顎がふるえる（不随意運動）、動きが小さくゆっくりになるなどの症状や、薬の副作用などで唾液の分泌量が減ることがあります。これにより、口腔内が乾燥し、舌苔や痰の付着、食べ物が口のなかに残りやすくなります。また、唾液を飲み込む回数が減り、流涎（よだれ）がみられることもあります。手のふるえやこわばりで歯ブラシが正しく持てずブラッシングをしにくい場合があります。そのような場合は、歯ブラシの持ち手を太くして持ちやすくする、360度歯ブラシなどを使う、動作介助する、などの方法があります。

持ち手を太くした歯ブラシ

360度歯ブラシ

 ## むせのない誤嚥って?!

　パーキンソン病は、むせのない誤嚥（不顕性誤嚥）が多いことも特徴的です。「むせていないから安心」なのではなく、食事や口腔ケアの後に声のチェックを行い、痰がらみの声（湿性嗄声）のときは、咳払いや吸引をして気道をきれいに保つことが誤嚥性肺炎予防につながります。また、上を向いてうがいをし

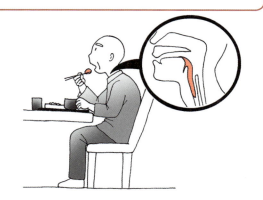

たり、ラッパ飲み（頸部伸展位）をすると誤嚥しやすくなるので、できるだけ控えるほうがいいでしょう。

 on-off現象

　抗パーキンソン病薬の副作用で、1日のなかでも症状が急激に変化する（日内変動）ことがあります。調子がよいとき（on状態）は食事や歯みがきも1人でできますが、調子が悪いとき（off状態）は無動状態になり、声を出すことも食事や歯みがきをすることもできなくなる場合があります。そのような"off"症状が強いときは、誤嚥しやすいため食事や口腔ケアは控えるほうがよいでしょう。そして、主治医に相談して"on"状態で食事ができるよう服薬時間を調整してください。また、口腔ケアの姿勢によっては起立性低血圧を起こすことがあるため、反応が鈍くなることはないかなど注意を払う必要があります。

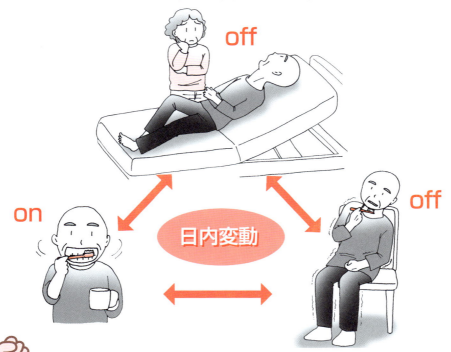

コラム　映画紹介「レナードの朝」（原題：「Awakenings 目覚め」）

　当時、"眠り病"といわれた病にかかり無反応な状態におちいっていたレナード（ロバート・デ・ニーロ）に、新任の医師であったセイヤー博士（ロビン・ウィリアムズ）がパーキンソン病の治療薬であるレボドーパを投与したことで長い眠りから覚めるのですが、再びその効果がなくなっていくという実話をもとにした物語です。無動・すくみ足・仮面様顔貌・不随意運動など見事に表現されていて、パーキンソン症状を勉強するには最適な映画といえます。

筋ジストロフィーの人への口腔ケア

筋ジストロフィーとは、筋細胞の変性・壊死により、進行性の筋萎縮、筋力低下を呈する遺伝性筋疾患の総称で、さまざまなタイプがあります。ここでは、デュシェンヌ型筋ジストロフィーと筋強直性ジストロフィーについて説明します。

 デュシェンヌ型筋ジストロフィー

小児で発症する筋ジストロフィーのうち、最も頻度が高いのはデュシェンヌ型筋ジストロフィーであり、男児3000〜3500人に1人が発症するといわれています。3〜5歳頃に転びやすい・走れない、10歳前後で歩行不能となります。

口の特徴

歯並びやかみ合わせの異常、特に開咬や開口制限の発現頻度が高く、筋力低下、巨舌が特徴です。口腔ケアがしにくく、汚れを見落としやすいためむし歯や歯周病が重症化しやすくなります。そのため、介護者は開口制限がある口腔内を、筋力がない巨舌をよけながら隅々まで口腔ケアをする必要があります。また、呼吸や心機能の低下があることから短時間で負担をかけない口腔ケアを心がけましょう。早期から定期的な歯科受診を行うことが、咬合異常や開咬などの歯科的問題の抑制につながります。

セッティングが重要

上肢の筋力低下はあるものの、指先は比較的器用に動かせることが多く、口腔ケアの動作時に軸となる肘や手首を非利き手やテーブルで支持すれば、自分でみ

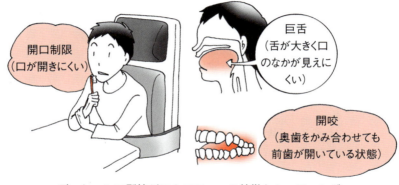

デュシェンヌ型筋ジストロフィーの特徴とセッティング

がくことが可能です。ただし、病気の進行度合にもよるため、呼吸の乱れや疲労などがあれば、無理はせず、動作介助や全介助に切り替えてください。

 筋強直性ジストロフィー

　成人で発症する筋ジストロフィーのうち、最も頻度が高いのは筋強直性ジストロフィーであり、10万人に5人が発症するといわれています。骨格筋障害だけでなく多臓器を侵す全身疾患です。

口の特徴

　顔や首の筋力低下で常に開口し、流涎（りゅうぜん）がみられ、口蓋が高く（高口蓋）、舌が口蓋に届きにくいことが特徴的です。そのため、舌苔や口腔内残渣が多くなり、口腔内の衛生状態が非常に悪くなります。ペンライトを使用し、観察しづらい高口蓋など、口腔内の死角となる部分の汚れをしっかり取るようにしてください。また、不顕性誤嚥が多いことも特徴的です。普段から口腔内を清潔に保つことにより、唾液などを少々誤嚥しても誤嚥性肺炎のリスクを減らすことができます。

口腔ケアに無頓着

　口腔内に食べ物が残りやすいにもかかわらず、病識の欠如や無関心のため食後の歯みがきをしなかったり、不十分なことが多くみられます。そのため、繰り返しの声かけや口腔ケア後の確認（特に口蓋）が必要です。また、手を握ると開きにくくなるというような、いったん収縮した筋肉が弛緩しにくくなるミオトニア現象（筋強直）や筋力低下で、歯ブラシをうまく持てない・みがけない場合は、正しい位置で歯ブラシを持ってもらったり、ブラッシング動作を介助します。

筋強直性ジストロフィーの特徴

筋萎縮性側索硬化症の人への口腔ケア

筋萎縮性側索硬化症（ALS）は徐々に全身の筋肉の萎縮が進行する原因不明の難病です。わが国の患者数は、人口10万人あたり2～7人と推定されています。根本治療はなく、平均生存期間は発症後3～5年といわれています。筋力低下や筋肉の萎縮により、嚥下障害・構音障害・四肢の運動障害・呼吸障害などがみられます。

ALSの症状と対処法

進行の仕方は人それぞれなので、個々に合わせた対応をします。

ALSが進行すると、口唇や舌、のどの筋力低下で構音障害、嚥下障害が起こります。また、首の筋力低下で頭を支えられず、ぐらついて不安定になるので、口腔ケアの時は、枕やタオル等を使用して頭頸部を適切な角度でしっかり保持し、重力

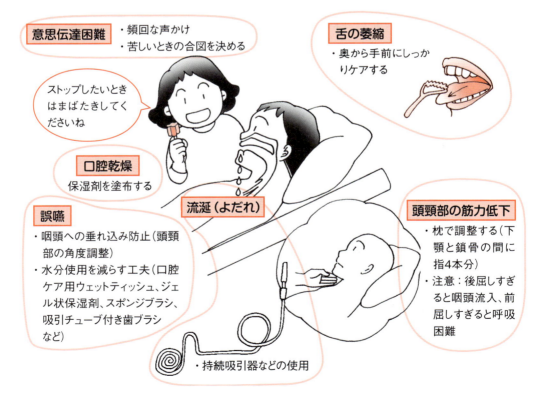

ALSの人への口腔ケア

で唾液や水分が垂れ込んで誤嚥するのを防ぎましょう。その際、吸引しながら行ったり、水分をできるだけ使わない工夫をすることも大切です。流涎(りゅうぜん)が多いにもかかわらず、口腔内や舌は乾燥しているということがよくあります。麻痺した舌はやせて小さくなり、表面が凸凹し、舌苔が堆積しやすいため、舌ブラシ等での舌表面の清掃が重要です。また、舌が口蓋に届きにくいことで、食べ物や痰が付着したままになりやすいのでしっかり汚れを取るようにケアします。

ALSの人とのコミュニケーション

　構音障害が進行すると、"話す"というコミュニケーション手段が奪われてしまいます。四肢の運動機能が保たれていれば、筆談をしたり、手あるいは足で文字盤の指さしが可能ですが、それができなくなってくると意思伝達が困難になります。自分の意思を伝えられないストレスは計り知れないうえ、適切なケアを受けることができません。症状が進行した人は、介護者に口腔ケアをしてもらうとき、万一苦しくなったり中止してほしいときにも、声を出したり表情を変えたりすることができません。このような場合でも目を動かせる人が多いため、目の動きを利用したyes-noサインや苦しくなったときは何回もまばたきをするなど、合図を決めておくとよいでしょう。

　病気の進行と、病気に対する本人の心の状態に合わせて、コミュニケーションツール（文字盤・意思伝達装置など）を導入していくことが必要です。

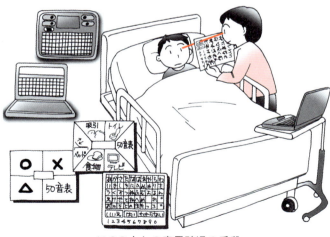

ALSの人との意思疎通の手段

ダウン症の人への口腔ケア

ダウン症は、わが国で最も多くみられる染色体異常です。特徴的顔貌をしていますが、口腔内にも数多くの異常がみられ、歯周疾患の増悪や歯の早期脱落がみられます。また、心疾患を伴うことも多く、抜歯などの歯科治療の前に抗菌薬を服用して、感染性心内膜炎を予防する必要があります。口腔ケアを徹底して、できるだけむし歯や歯周病を悪化させないことが望まれます。

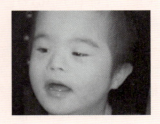

ダウン症の人の口腔内の特徴

　ダウン症の人の口腔内の特徴として、①相対的巨大舌、②咬合異常、③歯の萌出遅延、④歯の欠損、⑤歯の形態異常、⑥溝状舌、⑦高口蓋等があげられます。

　①の舌が大きく見えることには、舌が突出しやすいことも影響しています。この舌の位置が口腔ケアの妨げになることもあります。舌は刺激が加わった場合、刺激物を感受しようと寄ってくる性質があるので、十分な舌の排除を心がけましょう。また、舌を正しい位置に導くトレーニング方法もあります。専門医に相談するのもよいでしょう。

　②から⑤の歯に関する異常では、特に形態の異常が口腔ケアにおいて問題となります。歯は、歯肉から出ている部分（歯冠）と骨に埋まっている部分（歯根）からなります。ダウン症では、一般的な歯に比べ、歯根が短い傾向にあります。つまり大きな頭を小さな根っこが支えていることになるので、歯の動揺が生じやすくなります。そこに、感染症に弱いという特徴も合わさって、歯周病が増悪しやすくなります。

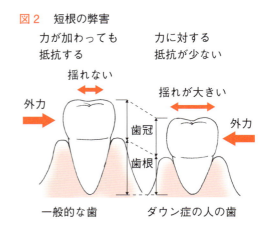

図2　短根の弊害

ダウン症の人への口腔ケアの問題点と対応

　ダウン症の人は、基本的に温厚な性格で、口腔ケアのトレーニングが開始しやすいのですが、精神発達遅滞がほぼ全員にみられます。その程度は、口腔ケアが自立できる人から部分介助が必要な人、全介助が必要な人などさまざまです。本人の自立を促すためにも、まずは本人に口腔ケアを実施させます。やる気を出させるためにもほめることを中心に声かけを行いましょう。ダウン症の人は、素直な人が多く、ほめることが効果的なことが多いようです。介護者は、仕上げみがきや口腔ケアの実施後の確認などを行うようにしましょう。

　また、ダウン症の人を介助するうえで、約40％の頻度で先天性心疾患を合併していることに留意しましょう。疾患の種類や程度によっては、抜歯や歯石除去など出血を伴う外科処置を行う際に、心臓に細菌の塊ができたり血液中の細菌数が増加したりすることを防ぐため、事前に抗菌薬を服用する必要もあります。そのため、歯医者などへの通院期間が一般の人より長くかかってしまうこともあります。

　よほど全身状態が悪くなければ日常の口腔ケアの実施の際には、心臓や血液中の細菌の増加についておそれることはありませんが、むし歯や歯周病により抜歯などの外科的な処置を受けずにすむように、口腔の健康状態を良好に保てるよう配慮します。

　ダウン症に特化した口腔ケアの技法はありません。基本は健常者と同一です。

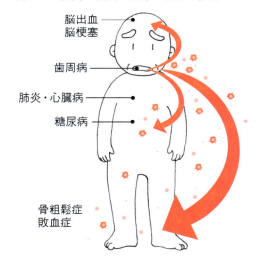

図3　口腔内の細菌が全身に及ぼす影響

口腔内の細菌は外科処置や唾液の誤嚥で血流に侵入して、全身の各器官に伝播し、全身疾患の原因となる

脳性麻痺の人への口腔ケア

脳性麻痺の人には、脳の損傷部位や程度により筋の緊張が高まったり、ゆるんだり、不随意運動が生じたりといくつかのタイプがみられます。周産期にダメージを受けたことによって、歯の形成にも異常がみられるケースがあります。筋緊張を抑える姿勢での口腔ケアや、誤嚥に対する配慮が必要です。

 脳性麻痺の人の口腔内の特徴

　脳の発育期間中にダメージを受け、脳に非進行性の損傷が生じ、中枢性の運動機能に永久的に障害を残した状態を脳性麻痺といいます。CP(cerebral palsy)と表記されることもあります。症状は2歳までに発現するといわれ、脳の損傷の受け方により、脳性麻痺の約半数に筋緊張が亢進した痙直型を呈します。次に多いのが、アテトーゼ型といわれるタイプ（約15％）で自らの意思とは異なる非協調性の運動がみられます。その他、症状に応じて、失調型や強剛型、弛緩型などの病型に分類されます。

　口腔内症状としては、
① 著しい咬耗：くいしばりや歯ぎしりが顕著な場合。
② エナメル質形成不全などの歯の構造異常：周産期障害が多い。
③ 歯列不正：筋の運動障害による上顎前突・開咬・上顎歯列弓の狭窄など。
④ 高いむし歯の罹患率：口腔清掃不良による。
⑤ 歯肉の増殖症：抗痙攣薬が投与されている場合。

などの症状がみられます。④の高いむし歯の罹患率が脳性麻痺の特徴としてあげられるように、多くの家族や介護者が、口腔清掃に苦労していることがわかります。

 脳性麻痺の人への口腔ケアの問題点と対応

　運動機能や姿勢に異常がみられることは脳性麻痺の人に共通していますが、タイプがさまざまであり、脳性麻痺として一括りで対応を結論づけることはできません。しかし、首の角度が全身の緊張状態に与える影響が大きいようです。筋の緊張が高まるとスムーズに開口できない、不随意の運動が生じやすくなるなど口腔ケアが行いづらくなります。のけぞるような姿勢が筋緊張を高めてしまう傾向

にあるため、口腔ケアを行うときには首に特に注目しながら、緊張が出にくい姿勢調節をするようにしましょう。

頸部に過度の緊張がみられたり、強く拘縮したりしていると、飲み込みに障害が出やすくなります。また、歯ブラシなどを口腔内に挿入していることで、より飲み込みづらくなっています。そのため、むせや誤嚥を生じさせない工夫が必要となります。脳性麻痺の人は移動に車いすを使うことが多く、車いすにヘッドレストがついているようであれば、ベッドや床の上で姿勢を調整するより、車いすを使ったほうが本人だけでなく介護者もストレスなく口腔ケアを行うことができるでしょう。

むし歯が多いということは原因菌が口腔内に多いということであり、口腔環境が非常に悪い状態にあるといえます。この悪い状態を一度リセットするためにも、専門の歯科医師による治療を受けるようにしましょう。エナメル質形成不全やむし歯などは大学病院や一部の病院歯科でも治療可能です。また、一度形づくられてしまった歯列不正は矯正治療を受けなければ治りませんが、脳性麻痺の人ではその治療も困難なので、専門医に相談しましょう。

全身の状態が悪いと誤嚥性肺炎が生じやすく、経口摂取困難で経管栄養になっている脳性麻痺の人もいます。口から食べないため、むし歯の発生頻度は下がりますが、発生の可能性はゼロではありません。また、歯垢を放置しておくと、2日〜2週間のうちに歯石に変化してしまいます。歯石は、日常の口腔ケアでは除去困難であり、経口摂取していなくても歯周病が悪化することもあります。特に抗てんかん薬の服用者では、副作用で歯肉増殖を生じていることも多く、口腔ケアがよくないと重度化します。定期的な口腔清掃は経管栄養の人（p.92参照）にも必要であることを覚えておきましょう。

図4 脳性麻痺に多い筋緊張を高める姿勢

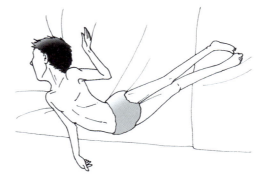

脳性麻痺では、頸部ののけぞりで全身が伸展してしまう反射がみられることが多い

図5 脳性麻痺で経管栄養の人の口腔内

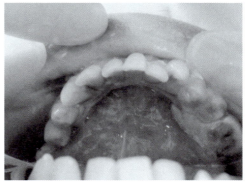

かみ合わせの面に歯石が沈着している

自閉症の人への口腔ケア

自閉症の人は、他人とのコミュニケーションが苦手で、情緒不安定な傾向にあります。また、他人から触れられることに対する拒否（接触拒否）もみられます。そのため、無理やり口腔内をさわったりすると、その後の歯みがきが非常に困難になることが多いので、口腔ケアを実施する環境づくりを入念に行いましょう。

自閉症の人の口腔内の特徴

自閉症は、脳機能障害が原因とされ、圧倒的に男児に多く発症します。約4分の3に知的障害を、約4分の1にてんかんを合併するとされています。3歳以前に診断されることが多い障害です。

口腔内所見は健常者と変わらないといわれていますが、口腔清掃の不良によるむし歯の重症化、爪かみなどの悪習癖による歯や歯列の形態異常がみられることがあります。

自閉症の人の口腔ケアの問題点と対応

自閉症の特徴として、①コミュニケーションの質的障害、②行動や興味の限局、③反復的常同行動、④情緒不安定、⑤独特の言語障害、⑥他人から触れられることに対する拒否などがみられます。特に①、④、⑥などが、自閉症患者の歯科治療や口腔ケアの実践を困難なものにしています。自閉症の人は新たな人・場所・行動が苦手です。しかし、それを一度受け入れることが可能になると安定した行動をとることができます。

この受け入れをうまく行わせるには、自閉症の人の行動を導いてあげる必要があります。刺激の弱いものから慣れさせたり、指示や行動を単純化したり、絵カードを使用して理解しやすくする工夫が必要です。

絵カードを使うことで、口腔ケアの習慣がついてしまえば、カードが不要になることもあります。逆に絵カード

図6　他人とのコミュニケーションが苦手

と口腔ケアがセットになった、反復的常同行動として定着してしまうこともあります。絵カードを省略できるかは個別対応といってよいでしょう。また、口腔ケア中に、突然何らかの原因で反復的常同行動が生じることがありますが、無理に行うよりも、次の口腔ケア実施時に仕切り直すほうがよいでしょう。

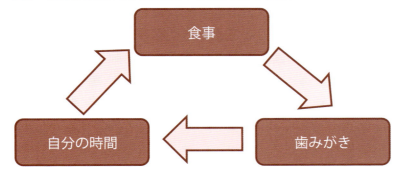

図7　毎日の日課のなかに口腔ケアが組み込めるとよい

図8　絵カードを応用して、歯みがきの行動を促す

その他の疾患がある人への口腔ケアを行う際の留意点

この項目であげる疾患では、口腔ケアを実施する際に全身状態に気を配る必要があります。各疾患の医学的特徴をしっかりと理解しておけば、発作などの際に、あわてることもなくなり、適切な行動がとれます。特に禁忌とされる事項は周知徹底しておきましょう。

てんかん

　てんかんは脳の神経細胞の異常な過剰放電に基づく、中枢神経機能の慢性、反復性の障害です。運動痙攣発作、異常行動、意識変化、内臓症状、感覚異常など、さまざまな症状を示し、突然意識を失ったり、体を痙攣させたりします。これが1か月に数回または3日おきなど、繰り返し生じるのがてんかんの特徴です。症状は急に現れ、激しいこともありますが、それが直接致命傷になることはあまりありません。数秒から数分の間に自然と意識が戻ってくることがほとんどです。てんかんは脳性麻痺など中枢性の疾患に併発することもあります。口腔ケア中に発作が起きてしまったら、まずは口腔ケアを中止します。また、図9に示したように、嘔吐物がある場合は、唾液や嘔吐物が口腔外に出るようにするとよいでしょう。

　施設や学校などで初めてのてんかん発作が生じることはきわめてまれです。それ以前に発作の経験があり、その症状や経過を家族がよく理解しているはずなので、その情報を介護者チームで共有しておきましょう。周囲は大騒ぎせず、冷静に対応しましょう。頭を強打するなど二次的な被害がなければ、救急車を呼ぶ必要はまずありません。大きな発作であれば、危険物を遠ざけるなどけがをさせないようにしましょう。また、衣服をゆるめ呼吸しやすいよう配慮しましょう。発作中に体をたたいたり、揺すったり、また大声をかけることは効果がないばかりか、症状を悪化させますので行わないようにしましょう。

　発作後、意識が戻ってもぼんやりしていたり、予想外の行動をしたりすることがあるので、注意深く見守る必要があります。また、あわてて水や薬を飲ませると、誤嚥や窒息の危険性があります。落ち着くまで見守りましょう。

図9　発作時の対応

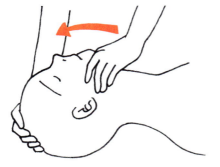

①気道を確保して呼吸できるようにする

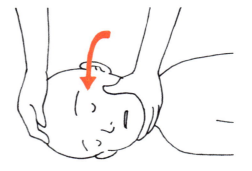

②嘔吐物がある場合は顔を横に向け、排出を促す

図10　発作時に行ってはいけないこと

①身体を揺する

②たたく

③大声をかける

④意識が戻ってぼんやりしている状態で服薬させる

重症心身障害

　重症心身障害とは、児童福祉法上、重度の知的障害および重度の肢体不自由が重複している状態を指します。大島分類によれば、座位をとれるか、寝たきりかの運動機能で、IQは35以下となります。合併症を伴うことも多く、口腔ケアの実施にも細心の注意が必要です。食事では誤嚥を起こしやすく、経管栄養になることもあります。また、痰の吸引が必要なケースがしばしばみられます。手足が変形、拘縮、背骨が曲がったり、胸郭が変形したりすることがあり、体位を変える際にも注意が必要です。筋緊張が強いことも多くみられます。全身状態が不良になることも多いので、急激な姿勢変化は避けましょう。可能であれば経皮的動脈血酸素飽和度（SpO_2）の測定を行いながら口腔ケアを実施すると、窒息や誤嚥のモニタリングにもなります。

　姿勢や動きの調整が難しいため、歯科診療や口腔ケアがしづらく、口腔内が著しく劣悪な状態になることがしばしばみられます。本人や介護者がともに安全に実施できることが第一の条件ですが、「重症心身障がい者だから口腔ケアができなくてもしようがない」ではなく、その人に実施できることは何かを探すところから始めるとよいでしょう。歯ブラシが使えなかったらガーゼで拭うだけでも効果があります。口腔が乾燥しているのであれば唾液を分泌させるマッサージをするのもよいでしょう。

　経管栄養の重症心身障がい者の場合、口から食べている人に比べて歯の全体に歯石がつきやすくなります。歯石はさまざまな口腔内細菌が集積して石のようにかたくなったものですが、表面が粗造なので、さらに歯垢が付着し、細菌の温床となります。歯石は歯肉出血や感染、特に口臭の原因になります。むし歯にしても、歯周病にしても細菌感染による病気ですので、歯石のない口腔内が望ましいのです。

 摂食障害

　心理的要因による拒食や過食を含む障害を摂食障害といい、嚥下機能が障害されている場合を摂食機能障害ないしは摂食嚥下障害といいます。摂食障害では、食事が不規則になるため口腔ケアが不徹底となりがちです。心理的な要因で生じる障害であり、利用者の知的レベルが低いわけではないので、口腔ケアの必要性を再認識させることが大切です。たくさん食べた後に自己嘔吐するケースでは、胃酸によるエナメル質の溶解が生じ、歯が薄くなり青白く見えることがあります。胃酸はpHがきわめて低いのでむし歯の原因となります。嘔吐後に十分なうがいをさせるなど、対策を専門の歯科医師に相談しましょう。

介護の現場で問題となるのは、摂食嚥下障害です。その原因は、脳卒中やパーキンソン病など神経系の異常、口腔咽頭領域のがんの手術後などの形態的異常、加齢変化または服薬による機能の低下などさまざまです。口腔や咽頭の感覚の異常や運動の異常により本来胃に到達すべき食べ物や飲み込んだ唾液などが喉頭を通って気管に入ってしまう現象を誤嚥といいます。たいていは、むせるなどして排出されるのですが、症状が悪くなってくると気管や肺に入ってもむせや咳が生じないことがあります。このような状態を不顕性誤嚥といい、誤嚥性肺炎につながりやすいとされています。

　口腔ケアの実施にあたっては、どのような姿勢がむせやすいのかを把握し、口腔や咽頭に唾液や洗浄の水などが入り込まないよう工夫することが大切です。口腔底が咽頭より下にある前かがみの姿勢がとれればよいのですが、全身状態によっては側臥位やリクライニング位などを選択しなくてはならないこともあります。口腔ケアの最中の声が変わらないか、呼吸状態は安定しているか、細心の注意を払いましょう。

表1　摂食機能障害の原因

形態異常	先天的：唇顎口蓋裂、その他顎形態の異常など 後天的：歯列咬合の不正、口腔・咽頭領域の手術による解剖学的欠損など
神経筋系の異常	発達障害：脳性麻痺、精神発達遅滞、各種症候群など 中途障害：脳血管障害、認知症、パーキンソン病、脳外傷、筋ジストロフィー、ALS、多発性硬化症など
その他	老人性（生理的）機能減退など：老化（加齢）現象、個人差、服薬の問題

図11　誤嚥のない状態（左）と誤嚥している状態（右）

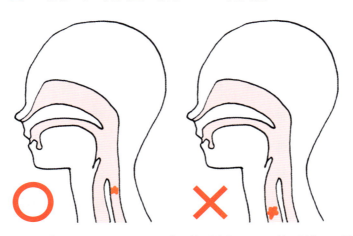

正しい嚥下では、口からのどに食べ物が流入し、その後、食道から胃へと送られる。嚥下障害がある場合、食道を通らずに食道の前方にある気管を通って肺へ送られると、肺炎の原因となる

口腔機能を高めるリハビリテーション

うがいの仕方や歯ブラシを使っての頬、口唇、舌のマッサージを意識して、毎日口腔ケアを行うことが習慣化すると、頬、口唇、舌の柔軟性が維持されます。その結果、唾液の分泌がよくなり、食事のときにこぼしにくくなる、食べ物が飲み込みやすくなる、言葉がはっきり発音できるようになるなどのリハビリテーション効果が期待できます。

口腔機能を保つトレーニング

嚥下体操

嚥下体操とは、頬や舌、口唇、のどの筋肉の動きをやわらかくする、食べる前の準備体操です。この体操をすることによって、むせずに食べられる、発音がはっきりする、食べこぼしが減るなどの効果が期待できます。次の口すぼめ深呼吸から、p.137の口すぼめ深呼吸までの10の運動を1セットとして実施します。

口すぼめ深呼吸

　腹部を圧迫しないようにいすに腰かけ、足を肩幅に開いて足裏を床につけ、安定した座位姿勢をとります。腹部に手を置いて、腹部がふくらむのを感じながら、鼻から一気に空気を吸い、口唇をすぼめて口からゆっくり吐きます。実施目安は2～3回で、各利用者にあわせます。

首の体操

　首の体操は、①正面を向いた状態から前に倒して、戻して天井を見る、②耳を肩につけるように頭を右左に倒す、③正面を向いた状態から左真横・右真横を見る、④首を回旋する、の4つを行います。実施目安は各2～3回です。
　自分でできない人には、介護者が支援します。

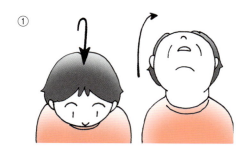

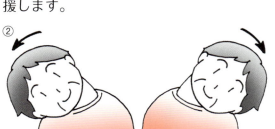

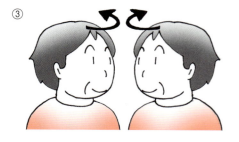

肩の上下体操

　鼻から息を吸いながら肩を上げて、口から息を吐いて肩をストンと下げます。または、両手を組んで天井へ向かって万歳をします。実施の目安は2〜3回です。

　自分でできない人には、介護者が利用者の腕と肩に手を添えて、上げたり下げたりします。

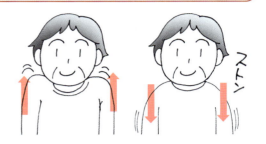

 ## 胸郭の運動

　背伸びするように両手を頭の上で組んで、そのまま上半身を左右にゆっくり倒します。

　自分でできない人には、介護者が利用者の体に手を添えて介助します。

 ## 頬の体操

頬ふくらまし

　口唇をしっかり閉じて、唇を外へ突っ張るつもりで空気を入れてふくらまします。頬や口唇に沿って、あめ玉が転がっていくようにふくらませます。

① 左の頬

② 上唇と歯の間

③ 右の頬

④ 下唇と歯の間

頬すぼめ

口を閉じて、頬を内側に吸い付けるようにへこませます。

思いっきり吸い付ける

頬を大きくふくらませる

自分でできない人には、介助で実施しましょう。

 舌の体操①

口を大きく開けて、思いきり舌を出したり引っ込めたりします。

自分でできない人には、介護者が利用者の舌をガーゼでつまみ、呼吸にあわせて、前に引き出します。

舌を前にできるだけ「ベー」と突き出す。3回

呼吸にあわせて舌を前に動かす

 舌の体操②

口を大きく開けて舌を左右に動かし、舌先で口角に触れるようにします。自分でできない人の場合、先述の「舌の体操①」と同様に、介護者が利用者の舌をガーゼでつまみ、左右に動かします。

舌先で左右の口角に触れる。各3回

 強く息を吸い込む

空気がのどにあたるように強く息を吸って止め、3つ数えてから吐き出します。

発音訓練

「パ」「タ」「カ」の発音をするときにはたらく部位を意識して、発声します。

「パ」──口唇をしっかり閉じてから開くことで発音されます。

「タ」──舌の前方が口蓋に触れて発音されます。

「カ」──舌の後方が口蓋の奥に触れて発音されます。

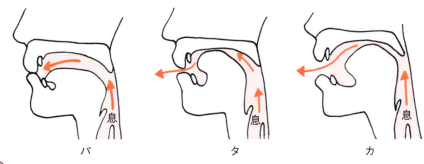

 ### 口すぼめ深呼吸

　腹部を圧迫しないようにいすに腰かけ、足を肩幅に開いて足裏を床につけ、安定した座位姿勢をとります。腹部に手を置いて、腹部がふくらむのを感じながら、鼻から一気に空気を吸い、口唇をすぼめて口からゆっくり吐きます。実施目安は2～3回で、各利用者にあわせます。

コラム　構音障害（話すことの障害）

うまく話ができない状態です。私たちが話をするときは、まず肺からの息が声帯を振動させて声をつくります。その声は、口唇・舌・軟口蓋を動かすことによって言葉になります。このとき、舌などの構音器官が速く正しく動かせないと、発話が不明瞭になってしまいます。

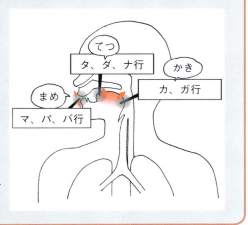

構音点：話すときに出す音によって動かす場所が決まっている

参考文献
・日本摂食嚥下リハビリテーション学会医療検討委員会「訓練法のまとめ（2014版）」『日本摂食嚥下リハビリテーション学会誌』第18巻第1号、2014年

頭部挙上訓練

嚥下機能が低下すると咽頭残留が増えたり誤嚥したりしますが、それは喉頭の前方、上方への運動能力が低下したために喉頭閉鎖が不全で食道入口部が開きにくくなっているからです。頭部挙上訓練により、嚥下時の喉頭挙上にかかわる筋を強化すると喉頭の前上方への運動機能が向上して、食道の入口が開きやすくなって食塊通過が促進されます。

自分で行う頭部挙上訓練

寝た姿勢で、両肩を床につけたまま、自分のつま先が見えるまで頭をできるだけ高く持ち上げます。1分間挙上した状態を保った後、1分間休む、これを30回連続して繰り返します。

基本的に1日に3回約6週間続けますが、体への負荷が大きいため、高齢者や障がい者では、体調にあわせて訓練の時間や回数を調整します。実施するときは反動をつけず、口を閉じてゆっくり息を吐きながら頭を起こします。

介助による頭部挙上訓練

体力のない利用者には、介護者が頭を支えて行います。

嚥下おでこ体操

介護者は利用者の額に手をあてて抵抗を加え、利用者はおへそをのぞきこむように強く下を向きます。頭部挙上訓練と同様の効果が期待できます。

その他の間接訓練

利用者の状態に応じて負担が少なく継続できるものを選びましょう。

開口訓練

頭部挙上訓練と同じ目的で行います。体幹が安定した姿勢で、口を閉じた状態から最大限に開き、その状態を10秒間保持させて10秒間休憩します。これを5回1セットで1日2回行います。顎関節脱臼のある利用者に実施するのは控えましょう。

ブローイング訓練

食べたり飲んだりすると、鼻からもれ出てくる人に行う、呼吸機能と口唇閉鎖力を高める訓練です。コップに入れた水をブクブクとストローを使って強くまたは弱く吹きます。

咳訓練

できるだけ前傾姿勢をとり、深く息を吸った後に勢いよく咳をします。誤嚥したものを排出する喀出力を高めることが期待されます。

プッシング訓練

1人で行うときは、立って壁や机を押します。2人で行うときは、座って向かい合った人と手のひらを合わせて押し相撲をします。しっかり息を止めた後に、押すのと同時に「エイッ」「ヤッ」「タッ」と声を出します。声門

を閉じる力を強化し、誤嚥の予防につながります。

歯肉マッサージ

器具を使わずに指で歯茎のマッサージをします。介護者の人差し指の腹の部分を、利用者の歯と歯肉の境目に置き、前歯から奥歯に向かってこすります。これにより、口腔内の感覚機能を高め、唾液分泌を促し、嚥下運動を誘発することなどが期待されます。

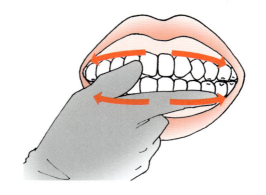

口唇マッサージ

口唇がしっかり閉じない人あるいは動かない人に対して行います。介護者が①利用者の口唇をつまむ、②利用者の口唇の内側に指を入れてふくらます、③人差し指を口唇と水平にあて、押し上げたり押し下げたりする、④人差し指を口唇の上に置き、ゆっくり押し下げる、同様に口唇の下に指を置き、ゆっくり押し上げる、⑤人差し指の先で、おとがい部を軽くたたく、などのマッサージをします。

つまむ　　　　　ふくらませる

口唇をつまむ　　口唇をふくらませる

唾液腺マッサージ

　下顎の内側（耳下腺、顎下腺、舌下腺がある周囲）を軽くなでたり、押したりしてマッサージします。これにより、唾液の分泌と利用者の覚醒が期待できます。

耳下腺　　　　　　　　　顎下腺　　　　　　　　　舌下腺

参考文献
・日本摂食嚥下リハビリテーション学会医療検討委員会「訓練法のまとめ（2014版）」『日本摂食嚥下リハビリテーション学会誌』第18巻第1号、2014年

施設で行う口腔機能向上プログラム

デイサービスやデイケアの利用者や施設入所者に対して、集団でプログラムを行うと、自分のできることと他者ができることを見比べて、客観的に評価できるようになります。また、他の人とコミュニケーションをとりながら、日常生活に近い状況で行うことができるようになり、プログラムへの意欲を高めることが期待できます。

施設で口腔機能向上プログラムを行う前に

口腔機能の向上が求められる利用者について、個人の口腔機能を評価し、口腔機能向上の計画を立てて行います。口腔機能向上の計画を立て、実践するのは、参加者をはじめ、医師、歯科医師、言語聴覚士、歯科衛生士、栄養士、看護職、介護職、生活相談員などの職種です。

図1　口腔機能向上の計画・実施の流れ

口腔機能の評価

観察　食事場面
- 食事中のむせやこぼしの有無
- 食事にかかる時間
- 食事中の疲れの程度
- 食事の量
- 食後の声の変化の有無
- 食事中、食後の咳の有無

口腔ケア場面
- 食後の口腔内の食物残渣の有無

↓

課題の把握（摂食・嚥下機能に関する解決すべき課題を見つける）

↓

口腔機能向上プログラムの計画を立てる

↓

口腔機能向上プログラムを実施する

↓

口腔機能を再評価する

施設で行う口腔機能向上プログラム

　表1は、1グループに参加者おおよそ10人で、週1回、約1時間行うプログラムの例です。内容や時間は参加者の体調や口腔機能に応じて組み合わせ、負担感や疲労感を起こさず、継続して実施できるように調整します。プログラムは楽しく参加でき、終了時は達成感が得られて、次回の参加意欲につながるようにします。また、施設のプログラムに参加するときだけでなく、自宅で自分でも実践できるようなプログラムを工夫し、継続して実施していくなかで効果を実感できるように、定期的に評価を行います。

　頭部挙上訓練、嚥下体操は、それぞれ2～3種類を組み合わせます。全員でできる簡単なプログラムから始めて、最後はそれぞれの機能のレベルに応じて「できた」と思えるようなプログラムを組みます。

　1日プログラムにする場合は、口腔機能向上訓練の後に食事、口腔ケアを実施します。食事場面では、摂食指導、口腔機能や姿勢の観察を行い、口腔ケア場面では口腔内の状況の観察を行い、あわせて評価します。

表1　実施プログラムの例

プログラム	所要時間	内容
健康チェック	参加時・適宜	① 体温、脈拍、血圧のチェック ② 口腔内の状態の観察 　実施担当者が参加者の体調を聞き、気になる訴えがあれば、実施担当者に連絡し、記録しておく
嚥下体操①	5分	① 安定した姿勢に整えて、口すぼめ深呼吸をし、全身をリラックスさせる ② 首の運動 ③ 肩の運動
頭部挙上訓練	約10分	利用者にあった方法を選択する
嚥下体操②	約10分	頬の体操、舌の体操、発音訓練から2～3種類選択する（p.135～137参照）
休憩	5分	
ゲーム	20～30分	「口腔機能向上を目的としたレクリエーション」から選択する（p.144～145参照）
評価と記録	適宜	参加者のできたことやゲームの点数を記録する 自宅でできる課題を指導する

口腔機能向上を目的とした レクリエーション

口腔機能向上のための訓練は習慣化することが大切です。しかし、途中で飽きたり面倒になったりして、習慣化するのも難しい場合があります。そこで、レクリエーションを通して楽しく取り組める訓練を紹介します。競争の要素を取り入れることで、普通の訓練よりも集中して取り組んでくれることが期待できます。

口じゃんけん

・効果：口唇運動の向上、舌運動の向上
・方法：口でじゃんけんをして、勝ち抜きゲームをします。

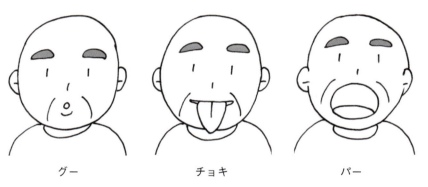

グー　　　　　　チョキ　　　　　　パー

魚釣り

・効果：呼吸機能の向上、口唇閉鎖力の向上
・方法：ストローを口にくわえて、紙でつくった魚を吸い上げて容器に入れます。釣った魚の数を競います。

輪ゴムリレー

- 効果：口唇閉鎖持続力の向上
- 方法：口唇でストローや割り箸をしっかり挟み、その先に輪ゴムをかけて、次の人にリレーして渡します。手は使いません。

 ### ストローダーツ

- 効果：口唇の閉鎖力、呼吸機能の改善
- 方法：くわえたストローの先に鉛筆キャップをかぶせて、勢いよく息を吐き、的に入れます。

 ### 早読み競争

- 効果：口唇の運動、構音および発声の機能の改善
- 方法：「パ」「タ」「カ」「ラ」などの4音を使い、同じ音を3回、または異なる音を3音組み合わせて、読みカードを作成し、時間内にどれだけ読めるかを競争します。

た	か	ら	た	か	ら	た	か	ら	た	か
か	ら	た	か	ら	た	か	ら	ら	た	か
ら	た	か	ら	た	か	ら	た	ら	た	か
た	か	ら	た	か	ら	た	か	ら	た	か
か	ら	た	か	ら	た	か	ら	ら	た	か

読みカード（例）

参考文献
- 菊谷武編著、西脇恵子・田村文誉共著『介護予防のための口腔機能向上マニュアル』建帛社、p.49〜63、2006年

生活リハビリテーションとしての口腔ケアの考え方

歯ブラシを使っての頬、口唇、舌のマッサージやうがいの仕方を意識して口腔ケアをすることが習慣化すると、頬、口唇、舌の柔軟性が維持されます。その結果、唾液の分泌がよくなり、食事のときにこぼしにくくなる、食べ物が飲み込みやすくなる、言葉がはっきり発音できるようになるなどのリハビリテーション効果が期待できます。

 口腔機能の向上の効果

　口腔ケアは、口唇、頬の筋肉のストレッチ、歯肉刺激、舌のマッサージになり、口腔機能の向上につながります。
　また、毎日繰り返し行う、自宅などどこでもできる、家族や周囲の人の励ましが得られる、特別な道具はいらない、使いやすいように工夫し応用できるなどの利点があります。

うがいによるリハビリテーション
　うがいをすることにより、口唇を閉じる、頬の筋肉のストレッチをする、鼻呼吸をする、水を吐き出すというリハビリテーション効果があります。
　ブクブクうがいは、左右の頬を大きくふくらますようにします。
　クチュクチュうがいは、口唇を上下しっかりふくらますようにします。
　鏡を見ながら行うと、頬や口唇が動かしやすいことがあります。

片側の頬を大きくふくらませてブクブクします。同様に反対側もブクブクします

鼻の下をふくらませて上唇と歯茎の間でクチュクチュします。同様に下唇と歯茎の間でクチュクチュします

歯ブラシを使ったリハビリテーション

歯ブラシを使って歯みがきをすることにより、口唇を閉じる、鼻呼吸をする、口唇や頬の筋肉、舌のストレッチ、歯肉刺激をするというリハビリテーション効果があります。

① 唇のマッサージ

電動ブラシの背を使い、口唇や口唇周囲のマッサージを行い、緊張をほぐします。

② 頬のマッサージ

歯ブラシの背を用いて、左右の頬を内側から外へ押し出します。また、歯ブラシをくわえて息を吸い込み、頬全体に力を入れます。

③ 歯肉のマッサージ

やわらかい歯ブラシまたは電動歯ブラシで、歯肉を刺激するようにブラッシングします。

参考文献
・日本摂食嚥下リハビリテーション学会医療検討委員会「訓練法のまとめ（2014版）」『日本摂食嚥下リハビリテーション学会誌』第18巻第1号、2014年

口腔ケアでの多職種連携

> 適切な口腔ケアを行うには、利用者を取り巻くすべての専門職が連携することが大切です。利用者とその家族をチームの中心とし、それを取り巻く介護職、歯科医師、看護師、言語聴覚士、栄養士などの専門職がそれぞれの専門的視点をもって協働し、ケアにあたることが重要です。

介護職から多職種への連携

他職種とのスムーズな連携方法

多職種連携の基本は、他の職種の役割や専門性を知り、認め合うことです。介護職は、自分たちの役割を他職種に伝え、理解してもらうことが重要です。お互いに他の職種を理解し、尊重したうえでコミュニケーションをとりましょう。職種により教育の過程や表現する言葉が異なるため、他職種の専門用語を理解し、言葉に対する違和感をなくし、コミュニケーションエラーが少なくなるようにして信頼関係を築くことが大切です。

チームメンバー

　介護におけるチームには、要介護者とその家族、介護職、介護支援専門員（ケアマネジャー）、生活相談員、社会福祉士、医師・歯科医師、歯科衛生士、看護職（看護師・准看護師）、薬剤師、管理栄養士、言語聴覚士（ST）、理学療法士（PT）、作業療法士（OT）、精神保健福祉士、機能訓練指導員など、多くの専門職が含まれます。
　利用者を取り巻くすべての専門職が、他職種の専門性を理解・尊重し、利用者が望む生活を支えるという共通の目標をもってケアにあたります。そしてそれは、利用者にとって自分らしい満足した生活を送ることにつながります。

口腔ケアでのチームアプローチ

　介護現場では、利用者や家族を交えたチームアプローチが必要です。そのためには、お互いの顔が見える関係を築き、スムーズな連携をとることが重要です。
　口腔ケアに関しては、本人・家族のほか、介護支援専門員（ケアマネジャー）がチームの調整役となり、介護職、看護職、言語聴覚士、歯科医師、歯科衛生士のメンバーがアプローチします。歯科医師や歯科衛生士は、口腔に関するさまざまな悩みを解決してくれるので、積極的に連携をもちましょう。歯の構造や歯の配列とその名称を理解することは、歯科関係者とスムーズな連携をとるために役立ちます（p.101の図7参照）。

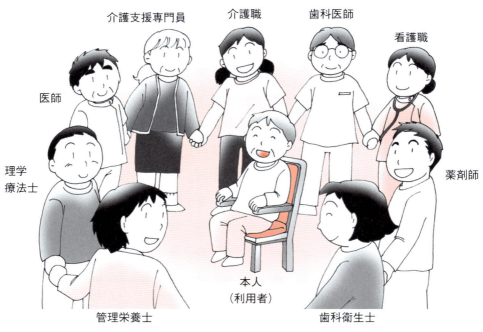

チーム構成は、個々の状況により異なりますが、チームケアの中心は常に本人（利用者）です
チームは、利用者の口腔環境を健康にするために存在しているのです

表1　各職種の口腔ケアにおける役割

職　種	役　割
家　　　　族	日常的な口腔ケアを行う
介　護　職	日常的な口腔ケアを行う
介護支援専門員（ケアマネジャー）	利用者（要介護者・要支援者）の口腔の課題を把握し、その状態に応じた介護サービスを提供するケアプランを作成する。サービス担当者会議を開催するなど専門職やサービス提供事業者と連携・調整などのケアマネジメントを行う
歯　科　医　師	かかりつけ医として口腔管理および指導を行い、必要に応じて歯科診療を行う
看　護　職（看護師、准看護師）	口腔ケアの自立度が低下した場合、介助による口腔ケアを行う
歯　科　衛　生　士	口腔ケアの自立度が低下した場合、介助による専門的な口腔ケアを行う。歯周疾患の継続管理、残存歯のむし歯リスクへのケアを行う
言　語　聴　覚　士	口腔機能の回復や障害の軽減を図るためにリハビリテーションや指導を行う

歯科との連携が必要な症状

高齢者は、口腔乾燥や低栄養により抵抗力が低下しやすいためカンジダが増えやすく、不適合な義歯の使用により潰瘍ができやすくなります。舌にできた口内炎や歯周病による歯肉の腫れだと思っていたものが、がんであったりすることもあります。口腔内に異常がある場合は、適宜歯科と連携するようにしましょう。

カンジダ

口腔内にカンジダは常にいますが、抵抗力があると、症状は現れません。しかし抵抗力が低下すると、白い苔・ヨーグルトのカスのようなものが頬粘膜や舌、軟口蓋に多量に付着します。初めは拭うと取れますが、重症になると拭っても取れないくらい深部に入り込みます。また口腔乾燥が強い場合には粘膜が赤くなるカンジダ症になることがあり、特に義歯の形に赤くなります（口絵参照）。

口内炎

抵抗力の低下時や栄養不良時、ヘルペス感染などにより口内炎ができます。通常2週間ほどで治ります。治らない場合は他の病気の可能性があります。

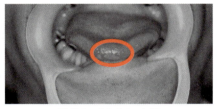
舌先にできた口内炎

溝状舌・舌乳頭の萎縮・扁平舌

高齢者では、舌に深い溝ができる溝状舌がみられることがあります。通常、治療の必要はありませんが、カンジダが入り込み、痛みを伴う場合があります（口絵参照）。

舌乳頭が萎縮して舌がつるつるしている場合を扁平舌といい、貧血や低亜鉛血症、口腔乾燥が主な原因です。

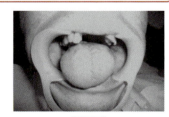
扁平舌

義歯性潰瘍

　義歯の辺縁や内面と粘膜との不適合により潰瘍ができます。歯科受診して義歯調整することが必要です（口絵参照）。

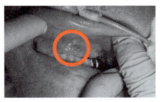
上顎義歯内面不適合による潰瘍

 顎関節脱臼

　高齢者は顎関節脱臼が起こりやすく、顎関節がはずれたときには下顔面が長くみえたり、口が閉じなかったりします。何も治療しなくても元に戻る場合もありますが、下顎を下げながら顎関節窩に押し込む復位を行います。習慣性の脱臼の場合はバンテージ固定の必要な場合があります。

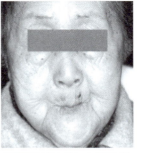
顎関節がはずれた高齢者

 舌がんと舌痛症

　高齢者は舌粘膜に異常がないのに安静時に舌がぴりぴりする痛みを訴えることがあります。がんではないかと心配する人もいますが、これは舌痛症という症状です。舌のがんは舌の脇（側縁）にできやすく、口内炎のようにみえても2週間程度で治るということはありません。ふくらんでくるものもあります。早めの歯科や耳鼻咽喉科の受診がすすめられます。

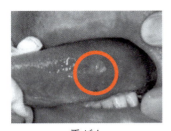
舌がん

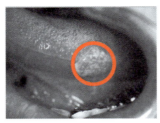
舌がん

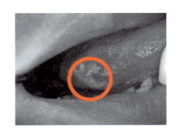
舌がん

事例で学ぶ口腔ケア

口腔ケアも、介護と同様に①アセスメント、②計画の立案、③実施、④評価という流れに沿って行います。利用者の生活を継続していくために、介護職として何が必要なのか、次の事例を通して、観察ポイントや求められる視点について考えてみましょう。

 事例紹介

　Aさん（83歳、女性、要介護5）は脳梗塞既往があり、誤嚥性肺炎を繰り返して81歳のときに胃ろう造設となった。家族によると、Aさんは、人に頼ることなく自分で何でもする性格で、食事に関しても「自分の口で食べたい」ともらしていたという。胃ろう造設後、家族に「口が乾く」と訴えることが続き、その頃からAさんの口臭が強くなってきた。Aさん自身も口臭が気になったようで、話すときは手で口を押さえていたという。その後、ベッド上で1日の大半を過ごすことが多くなり、意欲の低下がみられた。

　今回、家族の介護負担が大きくなり施設入所となる。入所時の状態は、食事は胃ろう栄養が主体であり、施設担当医の許可のもと、少量飲水しているがムセがみられる。排泄はおむつ着用にてベッド上での全介助で、入浴は機械浴による全介助である。移乗・移動は全介助であり、車いすを使用している。問いかけには言語での応答はないが、快、不快は表情で表現し、孫の話をすると表情がやわらぎ笑顔になる。全介助にて歯みがきを朝夕実施しているが、歯をくいしばるなど、苦痛な表情をする。介護職が「歯みがきするときは痛いですか」と聞くと小さくうなずく。

 介護過程[※1]の展開（個別サービス計画、介護計画）

アセスメント[※2]

① 口腔環境

　上下とも部分床義歯であるが、装着していない。歯肉は赤く腫れ、部分的に出血がみられる。常に開口状態であり口腔内の乾燥がみられる。舌苔の付着がみられる。近づくと口臭が顕著で

※1　介護過程とは、介護職が実施する個別サービス計画・介護計画をアセスメント・分析、計画、実施、評価と段階的に行う思考過程のことです。

※2　入所時にしっかりアセスメントし、課題を見いだすことが大切です。

ある。
② 身体状況
　廃用による軽度の四肢拘縮があり、握力の低下もある。車いすでの短時間の移動は可能であるが、ベッドに臥床していることが多い。

Aさんのニーズ※3
・歯みがき時の痛みをなくしたい。
・口臭や乾燥がなくなり、話しやすくなりたい。
・口から食べたい。

課題※4
・歯みがき時に、苦痛を与えない口腔清掃を多職種（歯科医師や歯科衛生士）と連携・実践し、口腔環境の改善に努める必要がある。
・現在は言語での応答はないが、他者との交流を通して、口腔乾燥や口臭を軽減し、口腔機能の維持・向上に努める必要がある。

計画※5 **の立案**
① 日常的口腔ケア方法を職員間で統一し、苦痛を与えず口腔ケアを実施※6する。

・実施時期：胃ろう栄養の注入前・就寝前※7
・ケア用品：軟毛歯ブラシ（歯肉の発赤や出血が軽減後は、ふつう毛歯ブラシに交換）、スポンジブラシ※8、舌ブラシ、保湿剤
・誤嚥させない姿勢：側臥位※9にて、背部にクッションを挟み、姿勢を安定させる。
・緊張の除去：Aさんがなごむような声かけを行いながら、ケア前にホットタオルで顔から首を温め、マッサージを行う。
・実施前後の観察項目※10：歯肉・出血の状態、乾燥・舌苔※11・口臭の有無、全身状態（意識状態、呼吸状態、顔色、咳やムセの有無）
・義歯ケアの実施

※3　ニーズは本人の思いです。言語化されていなくても、本人視点で「〜なりたい」「〜したい」をとらえましょう。

※4　課題を考えるときは、今の状態が続くことで、今後どのようなリスクがあるのかを考えます。そして解決のために何が必要かを抽出します。

※5　計画は、誰が見ても実施できるように、具体的に手順や方法、時間、観察項目、担当職種を明記します。個別の状況に応じて適切な用具・方法を選択し、職員間で統一します。

※6　口腔ケアの実施は、口腔内の細菌を減らし、誤嚥した際にも肺炎のリスクを減らすことができます。また、口腔内の保清だけでなく、口腔機能に関して積極的に取り組むことは、話す、食べるためにも重要です。

※7　なぜ注入前・就寝前に実施するのか。p.93参照

※8　スポンジブラシに含む水分による誤嚥には十分に注意します。p.32参照

※9　側臥位は誤嚥防止のため。p.26参照

※10　経過記録は、実施した内容だけではなく、観察した内容も必要です。それが評価の材料となります。

※11　舌苔は無理に削ぎ落とさないようにします。p.42参照

② 口腔乾燥を軽減する。

- 常に開口状態にならないように、座位・臥床時の姿勢を考える。
- 開口時は口を閉じるよう声かけを行い、マスクの着用をすすめる。
- 保湿剤をケア時に使用するだけでなく、訪室時に塗布する。
- 室内の保湿に努める。
- 口腔機能・筋力低下の改善をはかる：口腔周囲筋、嚥下の体操を胃ろう栄養の注入前に、Aさんの調子を見ながら実施する。

③ 興味や関心のある話題を通して、言葉を発することができる。

- 孫の話などAさんの興味のあるような話題を提供し、返事がなくてもコミュニケーションに努める。
- 日中義歯を装着する（義歯の調整終了後）。

実施[12]

① 専門的口腔ケア[13]の実施
② 歯科医師の介入により、義歯の調整と装着練習
③ 日常的口腔ケアの実施

実施方法：計画に基づき実施

④ 義歯を装着する（夜間ははずし保管する）。

評価[14]

例）2か月後

- 口腔ケア時のくいしばりなど苦痛な表情はなくなり、開口などの協力が得られるようになった。
- 声は小さいが、「おはよう」「ありがとう」などの言葉が時々発せられるようになった。
- 歯肉の発赤や出血、舌苔がなくなり、口臭もし

※12 実施期間はあらかじめ設定し、評価を行います。必要に応じて再アセスメントし、計画を変更、実施します。その際にも、各専門職と協議し、修正や変更を行います。

※13 専門的口腔ケアとは、歯科衛生士が行う口腔ケアです。
例）歯科衛生士による週1回の口腔ケアの実施

※14 利用者の現状を正しく把握し、課題を解決するためには、専門職による評価が必要です。多方面からアセスメントするために、施設サービス計画書に多職種連携が記載され、ケアカンファレンスが実施され、実施内容や頻度などを協議します。
例）歯科衛生士からAさんに必要な口腔ケアの実施方法を検討する。
例）PTにより開口にならない座位、臥位姿勢を検討する。

なくなった。
・嚥下時だけでなく口唇が閉じることが多くなり、飲水時のムセも減ってきた。
・発熱はない。

　評価の後、再アセスメントを行い、ニーズ、課題を再度考え、計画を立て直し実施します。

> **Aさんの再アセスメント後の課題**
> ①　口腔環境は改善傾向であるため、この状態を維持・向上する必要がある。
> ②　嚥下機能に関する評価を依頼し、経口摂取に向けて検討する。

● 口腔ケアに役立つ用具例

口腔ケアに役立つケア用具を紹介します。
ここで紹介する以外にもさまざまな種類があるので、
利用者の状態に合わせて、適切なものを選びましょう。

歯ブラシ　●ライオン

DENT.EX systema genki

幅広ヘッドなので歯面から歯肉まで効率よくみがけます。また、細くしなやかな先端部0.02mmのスーパーテーパード毛により歯肉にやさしくみがけます。

歯ブラシ　●ライオン

粘膜ケアブラシERAC510 介助用歯ブラシERAC541

ERAC510（左）：やわらかい植毛と大きめヘッドで、粘膜面をやさしく効率よくケアできます。残存歯数の少ない場合は、歯ブラシとしても使えます。
ERAC541（右）：やわらかい植毛とコンパクトヘッドで、腫れや痛み、感覚過敏のある口腔内をやさしくすみずみまでみがけます。

歯ブラシ　●サンスター

バトラー お口にやさしいブラシ

幅広ヘッドと約4,200本の密集植毛で歯と歯茎をやさしくみがける歯ブラシです。持ち手部分が厚く、すべり止めもあるので、握力が弱い人にも使いやすくなっています。

舌ブラシ　●川本産業

マウスピュア® フレッシュメイトK

極細毛のねじりブラシと長い柄で、舌の奥の汚れまでしっかり取り除けます。柄がしなるので舌への負荷がかかりすぎません。

舌ブラシ　●デントケア

タングメイト

羽のようなグリップ部分を軽く持ち、舌の奥から先端に向かって軽くゆっくり数回手前に引いて舌苔をかき出します。

義歯ブラシ　●ライオン

エラック義歯ブラシ らくらくスタイル

高い清掃性と義歯を傷つけない適度なかたさの密毛ヘッドの義歯ブラシです。

義歯ブラシ
●サンスター

サンスター 義歯用ハブラシ
2種類のかたさの違うブラシで義歯を清潔、快適に保ちます。

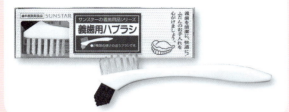

義歯ブラシ
●サンスター

バトラー クラスプブラシ ♯206
パーシャルデンチャー(部分床義歯)のクラスプ(金具)専用のブラシです。清掃がしやすい形状のブラシで、細部の汚れを落とします。

義歯ブラシ
●ザイコア・インターナショナル・インク

自助ブラシ
片麻痺の人など、持ち手のあるタイプの義歯ブラシが使いづらい人に適しています。吸盤を洗い場に固定し、義歯や食器をこすり付けて清掃します。赤いつまみで簡単に吸盤をはずすことができます。

スポンジブラシ
●サンスター

バトラー スポンジブラシ
歯ブラシの使用が困難な人の口腔を清掃するときに使用します。保湿液を含ませて粘膜をケアするのにも適しています。水に強いプラスチック軸です。

スポンジブラシ
●ザイコア・インターナショナル・インク

ピンキーネオ
口腔粘膜の汚れが吸着しやすいので、やさしく効果的に取り除くことができます。保湿剤を塗布するときや口腔内をマッサージするときにも使えます。

スポンジブラシ
●川本産業

マウスピュア® 口腔ケアスポンジ
軸は2種類(紙・プラ)、スポンジサイズは3種類(S・M・L)の計6種類があり、口腔状態に合わせて使えます。特にSサイズのスポンジは非常にやわらかく、口内炎がある人にも適しています。

スポンジブラシ
●和光堂

オーラルプラス 口腔ケアスポンジ
汚れを拭き取るときや口腔内をマッサージするときに使用します。自分で口腔清掃できない人やうがいのできない人にも適しています。

歯みがき剤
●ティーアンドケー

ペプチサル ジェントル トゥースペースト
発泡洗浄剤(ラウリル硫酸ナトリウム)、アルコール、パラベン無配合の低刺激性の歯みがき剤です。口腔乾燥、がん治療中などデリケートな口腔に適しています。2種類のペプチド、ラクトフェリン、キシリトール、保湿成分を配合。

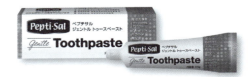

歯みがき剤　●イーエヌ大塚製薬

リフレケアHフレッシュ

有効成分ヒノキチオールを含んだ、口腔ケア用ジェルです。口臭を防ぎ、歯周病を予防する効果があります。研磨剤や発泡剤を配合しておらず、口腔内のマッサージにも使用できます。

医薬部外品

歯みがき剤　●和光堂

オーラルプラスマイルド歯みがきジェル

歯周病などで刺激を受けやすくなった歯や歯茎にもやさしいノンアルコールで低刺激タイプの歯みがき剤です。保湿成分のヒアルロン酸・トレハロースを配合しており口腔内を保湿できます。

歯みがき剤　●トライフ

オーラルピース

誤嚥性肺炎・歯周病・虫歯等の原因菌にアプローチする特許製剤ネオナイシン配合の歯みがき剤です。天然由来原料100%で飲み込んでも安心なので、介護者の負担も軽減します。

歯みがき剤（塩化亜鉛含有）　●ビーブランド・メディコーデンタル

ハイザックペースト

歯周病予防に効果的であると同時に、オキシ塩化ビスマスや、塩化亜鉛などのはたらきにより、口臭を抑制する歯みがき剤です。舌ブラシに付けて舌清掃を行うことで、高い口臭防止効果が得られます。

歯みがき剤（フッ素含有）　●ウエルテック

コンクール ジェルコートF

フッ素950ppm、塩酸クロルヘキシジン（殺菌剤）配合の歯みがきジェルです。研磨剤・発泡剤無配合なので、歯や粘膜にやさしいみがき心地です。むし歯、歯周病の予防に適しています。

医薬部外品

歯みがき剤（フッ素含有）　●サンスター

バトラー マイルドペースト

荒れた口のなかや歯茎にもしみにくい、低刺激タイプの歯みがき剤です。フッ素配合でむし歯予防もできます。湿潤剤「Tornare®」を配合しています。

医薬部外品

歯みがき剤（フッ素含有）　●ライオン

Check-Up foam

泡状の歯みがき剤なので、少量でもフッ素が口腔内のすみずみまで行きわたります。簡単にすすぐことができるので、うがいが苦手な高齢者、要介護者に適しています。

医薬部外品

洗口液　●ウエルテック

コンクールF

長時間殺菌作用が続く、グルコン酸クロルヘキシジン0.05%配合の洗口液です。ピリピリしないので、すみずみまでしっかりすすぐことができます。むし歯、歯周病、口臭の予防に適しています。

医薬部外品

洗口液　●サンスター

ガム・デンタルリンス ナイトケア

歯みがきの後にすすいで使う、就寝前の仕上げ剤です。薬用成分塩化セチルピリジニウムが菌の繁殖を抑制し、翌朝の口臭・ネバつき（原因の1つは歯肉炎）を防ぎます。
医薬部外品

洗口液　●ライオン

Systema薬用デンタルリンス

バイオフィルムの内部まで浸透・殺菌できるイソプロピルメチルフェノール配合の歯周病予防に適した洗口液です。清涼感のあるレギュラータイプと低刺激のノンアルコールタイプがあります。
医薬部外品

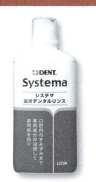

洗口液　●ウエルテック

コンクール マウスリンス

配合されたホエイタンパク（湿潤剤）が唾液のはたらきをサポートし、乾燥粘膜を潤します。アルコール・発泡剤無配合なので、粘膜にやさしくなじみます。口腔乾燥がある人のうがいや口腔清掃に適しています。

洗口液　●サンスター

バトラー マウスコンディショナー

乾燥した口をクチュクチュ洗浄で潤しながらさわやかに保つ、希釈タイプの保湿洗口液です。荒れた粘膜にもしみにくい低刺激（ノンアルコール）タイプです。保湿成分「Tornare®」を配合しています。

洗口液　●ビーブランド・メディコーデンタル

口腔保湿 うるおーらリンス

口腔粘膜にやさしく使用感のよい口腔保湿リンスです。保湿成分に乳酸ナトリウムを配合し、まろやかな梅味が刺激唾液を促進します。ラクトフェリン配合、アルコールフリー、パラベンフリーです。

マウスウォッシュ　●和光堂

オーラルプラス うるおいマウスウォッシュ

乾燥しがちな口腔内に潤いを与えながらやさしく洗浄する低刺激タイプのマウスウォッシュです。保湿成分のヒアルロン酸・トレハロースを配合したノンアルコールタイプ。スポンジブラシでの清掃時にも使えます。

口腔用スプレー　●和光堂

オーラルプラス うるおいミスト

潤いを与えることで口のなかをきれいにし、口臭を予防する口腔用スプレーです。独自のスプレーノズルで口のなかにふわっと広がります。潤い成分のヒアルロン酸・トレハロース配合でノンアルコールです。

保湿スプレー　●ライオン

アクアバランス 薬用マウススプレー

保湿成分のポリグルタミン酸配合で、潤い実感が持続するマウススプレーです。唾液の減少などによる口の乾燥・ネバつきがあるときに適しています。
医薬部外品

保湿スプレー ●サンスター

バトラージェルスプレー

シュッとひと吹きで乾燥した口に潤いを与えるジェルスプレーです。マイクロゲル製剤で口にとどきやすくたれにくいので、口の粘膜のしっとり感が持続します。保湿成分「Tornare®」を配合しています。

保湿スプレー飲料 ●キッセイ薬品工業

うるおいスプレー飲料（清涼飲料水）
ウェットケア

口が渇いたときにスプレーして、口のなかを潤します。唾液にも含まれる生体保湿成分ヒアルロン酸とさわやかな酸味が、潤いを保ちます。キシリトール配合でレモン風味とリンゴ風味もあります。

保湿ジェル ●ウエルテック

コンクール マウスジェル

配合されたホエイタンパク（湿潤剤）が唾液のはたらきをサポートし、粘膜を保護する保湿ジェルです。アルコール・発泡剤無配合なので粘膜になじみやすく、口腔乾燥がある人にも適しています。

保湿ジェル ●ティーアンドケー

ペプチサル ジェントル マウスジェル

口腔乾燥のある人やがん治療中の人、要介護者などに用いる保湿ジェルです。2種類のペプチド、ラクトフェリン、キシリトール、保湿成分を配合し、低刺激性でアルコール、パラベンは無配合です。

保湿ジェル ●サンスター

バトラー うるおい透明ジェル

口の乾燥が気になる人や、乾燥により食事がしにくい人に適した保湿ジェルです。程よい粘度なので口腔内にやさしく広がります。水分保持力が高いので、口の粘膜のしっとり感が持続します。

保湿ジェル ●明治

オーロラコート

口腔内のバランスを整えて口腔乾燥をケアする、抗菌作用のある茶カテキン配合の湿潤ジェルです。保湿成分のキサンタンガムが、口腔を潤します。やさしい味わいのフルーツティー風味です。

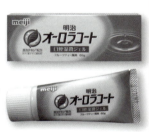

保湿ジェル ●ビーブランド・メディコーデンタル

口腔保湿 うるおーらジェル

保湿成分にヒアルロン酸ナトリウム、乳酸ナトリウムを配合した、操作性のよい保湿ジェルです。ウメ果実エキスの配合により刺激唾液の分泌を促進します。アルコールフリー、パラベンフリーです。

口腔用ジェル ●和光堂

オーラルプラス うるおいキープ

口のなかに潤いを与え、口臭を予防するジェルです。のびがよくべたつきません。潤い成分のヒアルロン酸・トレハロース配合でノンアルコールです。

| 口腔清拭シート　●和光堂 | 口腔清拭シート　●川本産業 |

オーラルプラス
口腔ケアウエッティーマイルド

拭き取ることで口のなかを清潔にし、口臭を予防する口腔ケア用のウエットティッシュです。うがいができない人や、水の使えない災害時に適しています。保湿成分のヒアルロン酸・トレハロースを配合した、ノンアルコール、無香料の低刺激タイプです。

マウスピュア®
口腔ケアウエットガーゼ

ノンアルコールタイプ・保湿成分配合で乾燥した口にも使いやすいガーゼです。水を使わずにケアができるので、誤嚥のリスクが高い人のケアにも適しています。お口がさっぱりするレモン風味です。

| 口腔清拭シート　●ビーンスターク・スノー | 開口補助具　●ライオン |

リフレケアW

口腔内の食べかすの除去や、口腔粘膜や舌の汚れの清拭・清浄・マッサージに使用します。アルコールフリーで、清涼成分キシリトールとライム風味で使用後は口がすっきりします。

エラック バイトチューブ

弾力があり、滑りにくいシリコン製の開口補助具です。やさしい使い心地で安定した開口を維持し、口腔ケアをサポートします。

| 開口補助具　●ザイコア・インターナショナル・インク | 開口補助具　●ザイコア・インターナショナル・インク |

オーラルワイダー

口腔ケアの際に使用することで視野が確保でき、短時間に効率よくケアできます。経口挿管している人にも使用できます。オートクレーブ可。

ワイダーミニ

口角を後方に引っ張ることで臼歯部まで視野が得られます。かみ癖のある人の口腔ケアに用います。

| 開口補助具　●ザイコア・インターナショナル・インク | 開口補助具　●ザイコア・インターナショナル・インク |

オーラルバイト

口の開きづらい人、開け続けているのが困難な人、歯のない人に適しています。硬質ポリウレタン製なので、素材の性質上、かみ癖の強い人には不向きです。ワイド(約1.5cm)とスリム(約1cm)の2規格。

ワイド　スリム

サリバ バイトブロック

排唾管挿入穴付き開口器です。吸引中の開口が保持でき、経口挿管している人やかみ癖のある人のケア中の誤嚥予防に有効です。オートクレーブ可。SとMの2サイズ。

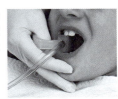

吸引器用スポンジブラシ　●ザイコア・インターナショナル・インク

ピンキー サクションスワブ

吸引器に接続して使用するスポンジブラシです。片手で口腔清拭と吸引ができるので、短時間で効率よく口腔ケアが行えます。

吸引器用歯ブラシ　●ザイコア・インターナショナル・インク

サクションブラシ

吸引器に接続して使用する歯ブラシです。片手でブラッシングと吸引が同時に行えます。

吸引器用スポンジブラシ　●川本産業

マウスピュア® 吸引スポンジ

ICUや在宅などで誤嚥のリスクが高い人のケアに適しています。スポンジの先端と清掃面の吸引口から水分や汚れを吸引します。スイッチで吸引のオン・オフを調整できるため、片手での吸引と清掃が可能です。

吸引器用歯ブラシ　●川本産業

マウスピュア® 吸引歯ブラシ

ICUや在宅などで誤嚥のリスクが高い人のケアに適しています。歯ブラシ（やわらかめの毛）の先端と清掃面の吸引口から水分や汚れを吸引します。スイッチで吸引のオン・オフを調整できるため、片手での吸引と清掃が可能です。

吸引器用スポンジブラシ　●ニプロ

吸引ブラシM（OPP）・吸引スワブ（OPP）

吸引器に接続することで、吸引しながらブラッシングや清拭を行うことができます。持ち手にある吸引圧調節バルブで吸引力を調整することができます。

吸引器用歯ブラシ　●ニプロ

吸引ハンドルセット１

吸引器に接続することで、吸引しながらブラッシングや清拭を行うことができます。持ち手にあるスイッチで吸引のON・OFFの切り替えが可能です。先端を歯ブラシやスポンジに付け替えることができます。

編著者・執筆者一覧

● 編著者
（五十音順）

大泉 恵美（おおいずみ・えみ）　看護師、介護支援専門員
合同会社ヒューマンケアサポートLab代表

蓜島 桂子（はいしま・けいこ）　歯科医師
浜松医療センター歯科口腔外科医長・副参事

蓜島 弘之（はいしま・ひろゆき）　歯科医師
松本歯科大学大学院障害者歯科学講座准教授

森﨑 市治郎（もりさき・いちじろう）　歯科医師
梅花女子大学看護保健学部口腔保健学科教授

● 執筆者
（五十音順）

片山 千佳（かたやま・ちか）　介護福祉士、介護支援専門員、保育士
羽衣国際大学人間生活学部人間生活学科専任講師

河村 圭子（かわむら・けいこ）　看護師
梅花女子大学看護学部看護学科教授

瀬 志保（せ・しほ）　介護福祉士、介護支援専門員
大阪城南女子短期大学人間福祉学科講師

田上 惠美子（たのうえ・えみこ）　言語聴覚士
独立行政法人国立病院機構刀根山病院

中島 桜子（なかじま・さくらこ）　介護福祉士、介護支援専門員
湊川短期大学人間生活学科生活福祉専攻准教授

西川 央江（にしかわ・てるこう）　看護師
湊川短期大学人間生活学科人間健康専攻教授

山道 啓子（やまみち・けいこ）　言語聴覚士
独立行政法人国立病院機構刀根山病院

介護に役立つ口腔ケアの実際
用具選びからケアのポイントまで

2016年11月10日　初　版　発　行
2021年 6 月25日　初版第 4 刷発行

編　著　大泉恵美、蓜島桂子、蓜島弘之、森﨑市治郎
発行者　荘村明彦
発行所　中央法規出版株式会社
　　　　〒110-0016　東京都台東区台東3-29-1　中央法規ビル
　　　　営　　業　　TEL 03-3834-5817　FAX 03-3837-8037
　　　　取次・書店担当　TEL 03-3834-5815　FAX 03-3837-8035
　　　　https://www.chuohoki.co.jp/

印刷・製本　西濃印刷株式会社
装幀・本文デザイン　有限会社ちゃんズ
本文イラスト　藤田悌子

定価はカバーに表示してあります。
ISBN978-4-8058-5248-4
本書のコピー、スキャン、デジタル化等の無断複製は、著作権法上での例外を除き禁じられています。また、本書を代行業者等の第三者に依頼してコピー、スキャン、デジタル化することは、たとえ個人や家庭内での利用であっても著作権法違反です。
落丁本・乱丁本はお取り替えいたします。
本書の内容に関するご質問については、下記URLから「お問い合わせフォーム」にご入力いただきますようお願いいたします。
https://www.chuohoki.co.jp/contact/